英国新马克思主义哲学研究丛书

乔瑞金 丛书主编

Study on
British New Marxism

科琴分析哲学思想研究

管晓刚 卫 唯 著

Study on Gavin Kitching's
Analytical Philosophy

北京师范大学出版集团
BEIJING NORMAL UNIVERSITY PUBLISHING GROUP
北京师范大学出版社

总　序

承运时势，潜备十载，此系丛书，应习近平总书记召唤，借深研 21 世纪世界马克思主义之契机，得各方鼎力相助，终究面世，甚幸！所言英国新马克思主义，意指 20 世纪 50 年代以后，在英国新左派运动中勃发的一种新马克思主义类型，涵括诸多思想家、理论家和革命家，著述数百，笔耕不辍。他们关注社会形态变革，追求社会主义在英国的成功，对世事之历史、文化、社会、政治、经济诸领域给出理性理解，开展革命运动，所言所为，均以马克思的思想为基础，以人类解放为目标，以思想批判为手段，以重建符合人的社会生活秩序为己任，独树一帜，颇有影响，不失借鉴之意义。20 世纪末以前，中国对英国马克思主义的理论研究，几近空白，零星所见，也散落在文学评论、历史学或社会学中，不入哲学和马克思主义视域，究其原因，多半在于觉得英国学者似乎也没有写出像模像样的"哲学著作",而是以历史陈述代替了宏大叙事,以话语分析淹没了逻辑论断,以小人物抹杀了"英雄",其著作均缺乏哲学内涵。20世纪末期,情势反转。苏东巨变,全球化的冲突与斗争不断发生,金融危机引发的世界经济危机和社会危机,提出诸多亟待解决的重大问题,马克思主义必须对此做出正确的判断和回答,而英国新马克思主义联系历史和现实,在"回归马克思"的意识指引下,于20世纪50年代中叶以来开展的对发达资本主义和苏联教条主义的两方面批判,理论建构,多有启迪意义,与我们先前的理解大相径庭,促使人们聚焦目光于该领域,迄今,已取得可观的研究进展和成果,集中反映于此系丛书中。此系丛书的面世,必将有助于激发更深入的理论研究,有益于马克思主义的时代发展,有功于推进中国特色社会主义现代化强国建设。

乔瑞金
2019年仲夏于山西大学

目　录

导　言

　　20 世纪 70 年代，马克思主义的科学性在理论和现实两方面都陷入了困境，遭到严重的质疑和挑战。在理论研究领域，西欧大陆的"西方马克思主义"开始走向衰落，而各种新出现的政治文化理论则致力于"非马克思主义化"；在现实层面，资本主义世界中的社会主义运动遭遇空前的挫折，而社会主义阵营的建设也面临着诸多困难。为重塑马克思主义理论的科学性、给社会主义实践重拾信心，西方理论界开始不断涌现出各种形式的马克思主义重建派，掀起了一股"回到马克思""重释马克思主义理论"的学术热潮。其中，以科亨、埃尔斯特、罗默为代表的分析的马克思主义强调通过采用逻辑和语言分析、功能分析、社会科学分析等方法来解读马克思的哲学文本，致力于对历史唯物主义的分析与重建，在学界引起了很大反响。然而，分析的马克思主义在解释历史唯物主义的过程中抛弃了辩证法这一马克思主义精髓，从根本的理论出发点上背离了马克思主义的初衷。另外，基于当代社会主义现实运动和资本主义新变化的背景来看，尽管分析的马克思主义也曾致力于探寻马克思主义理论的微观基础并运用了大量社会科学中的实证理论模型，但仍不能摆脱"教条社会主义"的指责，具有典型的"学院化"特征与趋势。针对马克思主义在当代所面临的困境，以及分析的马克思主义所存在的缺陷，加文·科琴（Gavin Kitching）提出了将分析的马克思主义与后期维特根斯坦的分析哲学方法相结合的新思路，明确反对实证主义的科学划界标准，试图通过重新界定科学的划界标准来重释马克思主义理论的科学性，以此来为马克思主义理论的可靠性做辩护，为社会主义建设实践提供一条可行的路径。

科琴在《马克思主义和科学：对一种困境的分析》（*Marxism and Science：Analysis of an Obsession*）、《卡尔·马克思和实践哲学》（*Karl Marx and the Philosophy of Praxis*）、《社会主义再思考》（*Rethinking Socialism*）等代表作中，首先将分析马克思主义的研究路径与后期维特根斯坦的分析哲学方法相结合，明确反对实证主义的科学划界标准，从心理优势和政治优势两个方面论证了马克思主义作为一种"软"科学的科学性之所在，并从语意和语用两方面解释了概念在运用中出现偏差的现象，有力回击了自苏联解体、东欧剧变之后，由于现实社会主义的胜利所表现出的盛衰无常，国际社会对马克思主义科学性及可实现性提出的质疑；其次始终坚持实践哲学在马克思主义理论体系中的核心地位，把意义问题作为逻辑在先的问题和理解马克思实践哲学的关键所在，强调实践哲学的理论特质不仅在于"解释世界"更重要的是"改变世界";最后,聚焦现实问题,对英国工党的现实境况进行分析,提出一种"先发制人的联合主义"的社会主义革命策略,从而提供了一条深入理解马克思实践哲学的富有启发的研究路径。

第一、第二章内容基于人文科学的路径,重塑并阐明了马克思主义的科学性,指出实践哲学是马克思主义的核心。马克思和恩格斯都认为马克思主义是某种"硬"科学,可以给社会发展确定规则,为革命活动提供科学指导。然而,根据自然科学的判定标准具有实验结果及实验结果的可应用性,马克思主义并不能满足成为自然科学的条件。此外,20世纪晚期的社会现实也使马克思主义者和社会主义者对马克思主义持悲观的态度。基于此,第一章论证了马克思主义不是"硬"科学,但这并不能否认马克思主义自身的科学性。科琴批判了实在论关于科学标准的划分,从政治和心理的相互作用上肯定了马克思主义的科学性。在此基础上,他构建起了一个适应后现代世界的观点——马克思主义是一种可以被发展、可以得到理性辩护、可以用来说服他人的观点。为了避免马克思主义作为一种观点可能存在的片面性,科琴重塑了对马克思主义的认知,在理论上以一种非客观主义的方式理解语言,在实践中采取一个新的政治计划,将认识论、心理学和政治学联系起来,论证了马克思主义思想如何准确地转化为实践。第二章通过分析马克思主义哲学的构造,指出实践哲学广泛地影响着马克思的经济理论和共产主义观,实践哲学是马克思唯物史观、政治经济学、共产主义观的内在哲学立场和核心,实践哲学的理论特质不仅在于"解释世界"更重要的是"改变世界"。科琴进一步分析指出,马克思的后期著作以及一些马克思主义者对实践哲学这一本质的忽视，造成了马克思主义学院化的现象，这导致马克思主义陷入一种枯燥的形式主义。

第三、第四、第五章内容基于社会科学的路径，分别分析了科琴关于马克思的历史理论、经济理论、政治理论的观点，认为马克思所追求的是一种关于世界的哲学、历史和社会经济视野的整合，揭示了一种分析马克思主义的整体实践观视角，并重新诠释了马克思的实践哲学。其中，第三章致力于阐明马克思的历史理论并不是一种决定论，而是一种"发展的"理论，需要依据世代语境中的社会活动及其结果的"动态"时间顺序去理解。第四章通过概述马克思的经济理论，对《资本论》中的经济假设和命题展开分析，揭示了马克思的经济学存在的缺陷，而且这种缺陷是源于马克思未能成功地把其哲学和经济学整合在一起，应根据实践哲学来解决该问题。第五章通过对马克思关于阶级、国家、意识形态的论述，马克思的革命观以及马克思早期和成熟期对共产主义思想的阐述进行分析，得出马克思的政治观点应该被动态、具体地理解，现代许多马克思主义社会理论的缺陷就在于拘泥于严格的、静态的概念，将词语当作对象而僵化理解；马克思思想的最终归宿是实现全人类的解放。

第六章内容基于现实社会实践的路径，对英国资本主义发展、工人阶级的现状及结构变化进行剖析，分析了英国工党左派在政治、经济理论上存在的问题，提出社会主义建设不是一蹴而就的，形成社会主义的条件包括：高度发达的物质水平，拥有先进知识、技术和深刻思想的公民，充满公民道德。通过分析比较不发达条件下的社会主义建设、空想的反资本主义，我们可以得出社会主义并非必然从先进的资本主义中产生，而是社会和政治因素决定了社会主义的产生。因此，科琴反对以革命的方式推翻资本主义来建立社会主义，主张以一种渐进的方式实现社会主义。结合对现实世界社会主义国家的分析，科琴提出他所认同的适合英国国情且可行的社会主义发展战略——"先发制人的联合主义"。

结语部分对科琴思想做出系统的总结，分别从西方马克思主义、英国马克思主义、分析马克思主义重塑和发展马克思主义的历史进程中分析并评述科琴思想所具有的优势与缺陷，明晰其思想的理论价值，考量其革命策略的现实可行性及意义，为马克思主义中国化及中国的社会主义建设提供有益借鉴。

第一章

马克思主义的科学性

1999 年，英国剑桥大学评选"千年第一思想家"，卡尔·马克思高居榜首；同年，英国 BBC 广播公司通过民意测验评选千年"最伟大的思想家"，马克思依然名列榜首；2002 年，英国路透社举办"千年伟人"的评选，马克思仅以一分之差略逊于爱因斯坦；2005 年，英国 BBC 广播公司又举办"古今最伟大哲学家"的评选，马克思再度荣获桂冠。这一系列评选从侧面表现了马克思对当代世界的影响力之巨大，但究竟是出于什么原因让这些生活在资本主义制度下、与马克思具有不同信仰的人对马克思如此青睐有加呢？关于这一问题的回答必然涉及多层次的内容，但是马克思及其后的马克思主义者们所创造并发展的马克思主义理论所具有的科学性则是其中不可忽视的一部分。

　　1980 年，阿尔文·古尔德纳（Alvin Gouldner）在《两种马克思主义》（*The Two Marxism*）一书中确定了马克思主义思想中的两个传统：科学的马克思主义和批判的马克思主义。古尔德纳认为，这两种马克思主义都是真正的马克思主义，它们是马克思主义内部不断进行相互转化并相辅相成的两部分。20 世纪以前，在这两种马克思主义传统中，科学的马克思主义显然更具政治影响力。因为，自马克思和恩格斯起，马克思主义一直宣称自己是关于社会的某种"硬"科学，它能够确定社会发展的规律，并为革命活动提供科学的指导。恩格斯曾在《社会主义从空想到科学的发展》中明确提道，"这两个伟大的发现——唯物主义历史观和通过剩余价值揭开资本主义生产的秘密，都应当归功于**马克思**。由于这两个发现，社会主义变成了科学"[1]，并将马克思的社会主义称为科学社会主义；《在马克思墓前的讲话》中，恩格斯更是将马克思与达尔文相提并论，直言马克思就是一名科学家，"在马克思看来，科学是一种在历史上起推动作用的、革命的力量"[2]。在第二国际时期，马克思主义理论家们力图将马克思主义赋予同自然科学一样的科学理性，将科学性作为"正统的马克思主义"的主要依据。到第三国际时，列宁同样把马克思主义当作一种类似自然科学的社会科学。列宁指出，"这一理论对世界各国社会主义者所具有的不可遏止的吸引力，就在于它把严格的和高度的科学性（它是社会科学的最新成就）同革命性结合起来，并且不仅仅是因为学说的创始人兼有学者和革命家的品质而偶然地结合起来，而是把

---

[1]　《马克思恩格斯文集》第 3 卷，545—546 页，北京，人民出版社，2009。

[2]　同上书，602 页。

二者内在地和不可分割地结合在这个理论本身中"①。加文·科琴针对古尔德纳两种马克思主义的思想，尤其是科学的马克思主义这一传统展开了进一步讨论，认为马克思主义是一种具有可持续发展性的、能够理性辩护且令人信服的观点。尽管它不可避免地会像其他政治观点一样，在某些方面存在一些偏激的看法，但它的科学性是不容否定的。然而长久以来，马克思主义者致力于宣称马克思主义是一种同自然科学一样的"硬"科学的传统，却给马克思主义理论本身带来一种质疑，即如果马克思主义是同自然科学一样的"硬"科学，那么它符合自然科学的标准吗？如果马克思主义并不是同自然科学一样的"硬"科学，那么应该如何看待它，又应该如何证实其为科学真理呢？

科琴在对马克思主义的科学性展开论证前，首先阐述了其论证所依据的方法——路德维希·维特根斯坦（Ludwig Wittgenstein）后期哲学中的分析方法、认识论和语言哲学。科琴认为，维特根斯坦在现代哲学家中几乎是独一无二的，他断言许多哲学问题是产生于心理学上的无能为力，因而只能用哲学来理解日常语言使用的含义，而"我们之所以不理解，一个主要根源就是我们没有看清楚词的使用。——我们的语法缺乏这种清晰性"②。科琴之所以借鉴维特根斯坦的方法来研究马克思，是因为他坚信"马克思和维特根斯坦对世界的看法是相互融合的，一种'维特根斯坦主义的马克思主义'或一种'马克思主义的维特根斯坦主义'可以提供一种比传统的马克思主义或传统的维特根斯坦主义更丰富且更有

① 《列宁全集》第 1 卷，291 页，北京，人民出版社，1984。
② ［奥］维特根斯坦：《哲学研究》，第 1 版，74 页，李步楼译，北京，商务印书馆，2004。

价值的方式去理解并置身于世界之中"①。基于此,科琴将分析马克思主义的研究路径同后期维特根斯坦的分析哲学方法相结合,明确反对实证主义的科学划界标准,从心理优势和政治优势两个方面论证了马克思主义作为一种"软"科学的科学性之所在,并从语意和语用两方面解释了概念在运用中出现偏差的现象,有力回击了自苏联解体东欧剧变后,由于现实社会主义的胜利所表现出的盛衰无常,国际社会对马克思主义科学性及可实现性提出的质疑。此外,科琴通过构建一个适合后现代世界的、完全不同的马克思主义概念,指出要重新认识马克思主义不仅需要以一种不同的非客观主义方式去理解语言,而且需要采纳一种新的政治实践和政治纲领。

一、实证主义的科学划界标准

任何以单一标准来区分科学与非科学的尝试都是徒劳的,这在当代科学哲学著述中早已司空见惯。至少在实践和学科历史的意义上这是徒劳的,因为无论选出的标准是什么,现代意义上的科学都可以很快举出至少一个科学和科学家都不会认可的例子。实际上,当人们检验并试图为之做辩护时,他们对于那些被称作科学的实践和那些被称作科学家的人是否具有任何共同之处是心存疑惑的。

---

① Gavin Kitching, Nigel Pleasants, *Marx and Wittgenstein*: *Knowledge*, *Morality and Politics*, Lomndon and New York: Routledge, 2002, p. 3.

譬如，一些自然科学是高度数学化的（如物理学），其他的（如地质学和气象学）则不是。一些自然科学几乎完全依赖从严格控制的封闭实验（如亚原子物理学、生物遗传学、多数有机化学和无机化学）中获得结果，其他的（如地质学、气象学或天体物理学）则并非如此，或者至少对其依赖程度不是同等级的。一些科学和科学家仍然宣称根据所谓的普遍自然规律可以做出精准的预测，然而其他的一些人则将那种规律仅仅视作是基于对统计频率的观察值而做出的或然性叙述。在托马斯·库恩（Thomas Kuhn）的影响下，当科学哲学家们将他们的关注转向了具体的科学史并避免了一种关于自然科学的先验认识论时，巨大的混乱出现了——那些已经被认可的理论、方法和自然科学实践似乎太丰富了，以至于让以保罗·费耶阿本德（Paul Feyerabend）为代表的科学哲学家们认为历史已表明世界并不存在唯一的一种科学方法，存在的只是那些已经"获得成功"的观念、预感、实践和推测的集合。费耶阿本德认为，自然科学唯一的方法论规则可能就起源于它的历史是"任何事都可能发生"的，这样也就完全等同于没有规则了。

然而，科琴指出，当代大部分自然科学著述"都赞成将实验及其结果的应用确定为自然科学实践所具有的两个常见标志"，"自然科学实践是以这两个标准之一的存在或两个标准都存在为特征的"[1]。然而，实验和应用不同于理论化或建模，它们具有可废止实践的特征，这对于确定自然科学是科学是极其重要的。因为自然科学中的实验和科学发现的

---

[1] Gavin Kitching，*Marxism and Science*：*Analysis of an Obsession*，Pennsylvania：The Pennsylvania State University Press，1994，p. 12.

应用都是科学哲学家所说的非话语实践的例子，即它们是包含思想在内的人类活动。这里的"思想"，是指已知心理现象和人类创造并使用的全部符号系统——书面语和口语，数学，数理逻辑等。实验和应用总会涉及语言的使用，而且常常涉及数学和统计学的使用，此外它们还涉及相当多的非话语元素。

科琴将实验和应用确定为自然科学的两个典型特征，并不是出于一种"证实主义"或"证伪主义"认识论的考量。因为抛开休谟（Hume）对实证主义的经典反驳不谈，我们知道自库恩开始，一个可证伪的实验结果或者一系列可证伪的实验结果，并不必然会导致一种科学理论或假设的颠覆，科学家们可以通过质疑实验设计或条件而将结果归为一个极小的异常现象，或者根据结果而修改或限定理论。因此，坚持实验和应用在自然科学里的核心地位并不是为了恢复朴素的证实主义或证伪主义。确切地说，这种坚持是科学事业的本质，即科学家们使用或发展的理论以及假说应该奏效，而实验和应用的过程为其定义了"奏效"在这个语境中意味着什么。科琴特别指出，自然科学所指涉的"实验"这一术语并不包含纯思想实验。虽然自然科学家也进行思想实验——推测、假设、建立理论，他们这样做是自然科学工作中的特定环节，甚至也许是其中最有创意的一些部分，但是自然科学家并不停留于推测，他们还通过实验去证实或反驳推测。因此，科琴明确限定了"实验"的含义，"我所说的实验远远超出了思想实验，它包括世界上大量的非话语实践以及实际干预措施"①。

基于自然科学对实验的这种限定，我们可以推导出数学不是自然科学。因为数学是发生在符号体系内的，数学中的所有实验都是话语实验，这与实验"包括世界上大量的非话语实践"的定义是矛盾的。另外，尽管数学是一种具有高度创造性和严格理智的活动，且其结论可以成功地应用于实际干预中，但数学本身并不是一种实际干预措施，而且一些数学结论是不具有任何实际意义的。因此，数学并不能满足自然科学的两个标准中的任何一个，很难被划入科学。然而，在现代自然科学中，数学几乎是所有自然科学必然要借助的工具，甚至在以亚原子物理学为代表的一些自然科学中属于主要工具。数学不能满足自然科学两个标准的情形，使得科琴再度陷入其观点为实用主义或工具主义的指责。科琴认为，他并不是在论证科学理论或假说之为真在于其是否奏效，他要论证的是将科学理论置于实验和应用中使它们得以被证明是真理的过程中的一部分，而这在自然科学那里处于核心部分。证明其为真理的过程还可以包括：理论或假说的系统阐述，为了与一些相关数据或理论认知保持一致而对这样的理论进行检测，同领域的其他研究人员对实验结果进行反复检验、测量和计算，等等。所有这些在确证某个理论或假说为真的过程中，可能只是其中的一部分，也可能仅在其中发挥作用。但是，科琴并不反对人们将其观点解读为"科学观点的实用性在自然科学事业中是至关重要的"，因为这并没有将他的观点解读为是一种"实用主义真

① Gavin Kitching, *Marxism and Science*：*Analysis of an Obsession*，Pennsylvania：The Pennsylvania State University Press，1994，p. 16.

理理论"。科琴认为，科学和马克思主义都应该避开哲学意义上的真理符合论和融贯论，因为这些理论都依赖于巧妙但存在严重缺陷的前提，它们都是建立在约翰·杜威（John Dewey）所谓的"旁观者知识论"基础之上的。它们都建立在知识是一个认知活动而不是一个实践活动这个观念之上，而且都依赖于一个密切相关的观念，即知识是关于事物的一次性陈述而非一个持续的过程。科琴认为，自然科学在实践中的巨大力量就在于它们避开了哲学认识论的陷阱，自然科学家追求的是非常明确的真理（而不是一个单一的"真理"），他们通过以实验和应用为核心的各种各样的实践来实现这一目的。

综上所述，科琴将自然科学定义为一种实践，确定了实验和应用作为自然科学的两个标准。自然科学中的实验是对科学家所提出的理论、假说或预测的一种检验，无论是证实还是证伪，它都是一种具体形式的实验，而不是纯思想实验。实验和应用往往是一脉相承的连续过程，自然科学通过实验得出结论后则要通过应用以再次检验或调整结论，从而确保结论在一定条件下的准确性。因此，自然科学家致力于探寻的是内容和形式都很具体的真理，而不是一个单一的静态的"真理"，他们为满足自身探索的需求而采取实验和应用等形式的实践来反复检验和调整，以实现预先设定的科学目标。然而，不同于理论化或建模，实验与应用都具有可废止实践的特征，它们可能常常会出错，譬如未得到实验的预期结果，预期的应用未奏效，这个特质对于确定作为实践的自然科学是极其重要的。这种可废止实践的特征也就可以解释自然科学也并非是绝对必然的真理了。

然而，根据上述关于自然科学的两个标准的观点，马克思主义的理论或假说并不能在自然科学意义上进行实验和应用，因而科琴指出"马克思主义并不是一种科学"。科琴否认马克思主义是一种科学，这一判断中有几点需要澄清：

（1）他并不是说所有的马克思主义理论或假说都是错的或无价值的。相反，科琴坚信马克思主义中有关世界的一些命题是真理，而且是重要的真理。然而，它们并不是科学的真理，这意味着它们不能通过实验及其结果的应用这种自然科学标准来确立其为真理。但是，自然科学的真理并不是世界上唯一的真理，人们不应该把"科学"和"真理"相混淆。

（2）他并没有否认马克思主义可以被归为社会科学或人文科学。

（3）他这样说是为了指出自马克思和恩格斯始，所有试图将马克思主义或"历史唯物主义"当成同其他自然科学一样都是科学的尝试，应该被抛弃。

（4）他是为了论证只要马克思主义者放弃试图将马克思主义归为一种自然科学的努力，那么马克思主义和马克思主义者将处于一个更有利的知识地位和政治地位。

（5）他是为了论证马克思主义者并不需要一种"科学的理论"，也不需要任何由哲学提供的"真理理论"来确定或维护马克思主义命题是真的。马克思主义是一种包含重要真理的理性观点，它在实践中被建构和维护。

二、科学实在论视野下实践的内涵

尽管马克思主义未能达到成为自然科学的标准，但同自然科学一样，马克思主义在一定范围内也是一种科学。这种范围包括从研究现象的表面到揭示现象背后的潜在现实并对此做出解释。马克思本人的如下表述就可以用来论证这种观点：

> 如果事物的表现形式和事物的本质会直接合而为一，一切科学就都成为多余的了。①
>
> 把看得见的、只是表面的运动归结为内部的现实的运动是一种科学工作。②
>
> 事物在其现象上往往颠倒地表现出来，这是几乎所有的科学都承认的，只有政治经济学例外。③
>
> 在表面上呈现出来的经济关系的完成形态，在这种关系的现实存在中，从而在这种关系的承担者和代理人试图借以说明这种关系的观念中，是和这种关系的内在的、本质的、但是隐蔽着的核心形态以及与之相适应的概念大不相同的，并且事实上是颠倒的和相反的。④
>
> 正是在利润的这种完全异化的形式上以及在利润的形式愈来愈掩盖自己的内核的情况下，资本愈来愈具有物的形态，愈来愈由一种关系转化为一种物，不过这种物是包含和吸收了社会关系的物……在**资本和利润**的这种形式上，资本表面上是作为现成的前提出现

① 《马克思恩格斯文集》第 7 卷，925 页，北京，人民出版社，2009。
② 同上书，348 页。
③ 《马克思恩格斯文集》第 5 卷，616 页，北京，人民出版社，2009。
④ 《马克思恩格斯文集》第 7 卷，231 页，北京，人民出版社，2009。

的。这就是资本的现实性的形式，或者更确切地说，是资本的现实存在的形式。资本也正是以这种形式存在于其承担者即资本家的意识中，反映在他们的观念中。[①]

从马克思的上述表述中不难发现"现象""本质""表现"及"假象"这些关键术语。这些关键术语是马克思从黑格尔（Hegel）那里继承过来的，马克思在写作《资本论》之前曾阅读过黑格尔的《逻辑学》。而黑格尔在他的《逻辑学》中阐述这些术语之间的关系时又受到他所处时代自然科学的影响。例如，在《逻辑学》处理本质论的部分，黑格尔把物质的分子结构——分子形式本身和它们在数学形式中表达出的行为规则——当作一种现象的基本形式。这个现象就是事物本身，黑格尔仅将其视为在未掌握这些形式的表象范围内的"假象"，但在物质作为这些形式的"必要表象"的范围内它们则是"实际的"。为了进一步阐释清楚黑格尔在此处的意思，科琴以"爱丁顿'两张桌子'"的例子加以说明："爱丁顿把物理学中将桌子表述为一个稳定的分子结构当作'真实的'桌子，而把常识中的桌子视为假象。但是，在把科学意义上的桌子如何'投射'到普通对象的意义上，常识中的桌子并不是假象。常识中的桌子完全可以被确定为科学意义上桌子的'表象'。因而，为了把常识中的桌子理解为处于这种或那种关系中的科学意义上的桌子，则需要将其置于现实范畴下去思考。"[②]

---

① 《剩余价值理论》第三册，536 页，北京，人民出版社，1975。

② Gavin Kitching，*Marxism and Science：Analysis of an Obsession*，Pennsylvania：The Pennsylvania State University Press，1994，p. 27.

总之，上述内容告诉我们，自然科学从一开始就已经密切融入马克思主义的科学概念中。马克思不仅在自己讨论现象和本质或假象与现实时明确地用到某些自然科学的例子，而且马克思从黑格尔那里习得并发展了该词，并通过自己对 19 世纪早期自然科学的理解而从哲学上和认识论上将其概括出来。

而且对黑格尔和马克思主义者而言，自然科学从 19 世纪发展到今天，其最惊人的领域就是通过有机化学、无机化学以及物理学所揭示出的广义的"分子和亚分子领域"（包括原子和亚原子领域）。该领域是对通常世界中可感现象做出科学解释的一个范例。如果人们想了解不能明显感知的存在，那么他们只能通过具体方法或自然科学技术来对其加以感知并了解。因而，自马克思开始，马克思主义者就已经将自然科学的特质确定为其可以解释不可见物，或者更确切地说，自然科学可以采用科学方法去感知并解释那些肉眼不可见的存在。因此，在《资本论》德文第一版的序言中，马克思这样说道：

> 以货币形式为完成形态的价值形式，是极无内容和极其简单的。然而，两千多年来人类智慧对这种形式进行探讨的努力，并未得到什么结果，而对更有内容和更复杂的形式的分析，却至少已接近于成功。为什么会这样呢？因为已经发育的身体比身体的细胞容易研究些。并且，分析经济形式，既不能用显微镜，也不能用化学试剂。二者都必须用抽象力来代替。①

①　《马克思恩格斯文集》第 5 卷，7—8 页，北京，人民出版社，2009。

科琴指出，如果马克思主义理论中所指涉的那种不可观测的实体和关系与分子和亚分子领域中所指涉的不可见物之间存在明显差别的话，如果马克思所说的"抽象力"并不足以代替自然科学中的显微镜或化学试剂，那么宣称马克思主义是一种自然科学将并不能成立。因此，必须找到马克思主义中与分子和亚分子领域研究对象——原子与分子相对应的事物，分析其是否是原子和分子的等同物。科琴认为，马克思主义在社会领域中与原子和分子的等同物就是劳动价值和生产方式。而《资本论》是马克思经济学的基础，它科学地应用了马克思的科学方法，并且，根据这个方法，它能够脱离政治和社会的其他方面而抽象地分析经济。科琴认为，对马克思而言，科学进步就是从现存的概念出发，通过形成高度抽象的简单概念以及通过理性过程产生更加复杂、更少抽象的概念，直到在思想中再现为具体。科学意味着概念间的层级关系，这种层级关系同现实中现象确定的层级关系是密切相关的。

鉴于此，科琴将"价值""生产价格""剩余价值"和"利润"列为《资本论》中"概念层次"的实例，同时它们也是现实中的一种"确定层次"。在科琴看来，价值决定现实中的生产价格，剩余价值决定现实中的利润，同样价值和生产价格以及剩余价值和利润在马克思的资本主义生产模式的科学模型中是层级关联的。在《资本论》第一卷中，马克思呈现出资本主义生产方式的一个抽象模式。该模式的抽象性表现为其既是从特定时空中抽象出来的（使用 19 世纪英国资本主义的一些数据来加以阐发），也是从许多取自现实资本主义社会的社会特征和政治特征中抽象出来的。《资本论》第一卷中所列出的资本主义模式是非常抽象的经济，它假定所有商品都根据其价值（或者直接、间接包含在其中的与之相对应的社会必要劳动）进行交换是理所当然的。在这种模式下，商品的相对货币价格就直接反映在这些价值上。因此，工人阶级出卖给资产阶级的劳动就根据其价值而交易，从这一点来看，人类劳动就成为和其他商品一样的商品了。此外，机器、原材料以及资产阶级独占的财产也是根据它们的劳动价值而进行交换的。这样就可以表明，由于人类劳动是唯一能够生产大量价值远大于自身的商品，资产阶级只能通过剥削工人阶级的劳动而获得产品中的利润。实际而言，这种剥削是通过资产阶级使用其对生产资料的占有权，迫使工人阶级工作一段超出必要劳动的时间，来偿还生产资料的价值并生产其自身劳动力的价值。马克思将这种无偿的或"额外的"劳动时间称作"剩余价值"，他指出这是资本主义体系中利润的唯一来源。

在《资本论》第二卷和第三卷中，马克思将他有关资本主义生产方式的模式描写得越来越"具体"，他引入了大量外在因素，例如商品的货币流通，通过增加资本投入而扩张资本主义体系，在第三卷中他甚至还引入了资本之间的竞争。由竞争引起的复杂性使商品再也不能根据其价值而进行交换，只能根据其"生产价格"进行交换，这样价格就会出现高于或低于价值的状况。然而，马克思在第三卷中展示的商品价格变化的影响，只存在于不同资本间分配大多数剩余价值作为不同行业的利润的情形中，这并不会改变可用来分配的利润总额是由从工人阶级那里剥削得到的剩余价值量而决定的事实。此外，马克思在第三卷中还表明，随着资本主义技术的发展，必然会出现利润率整体下降的趋势，这个趋势是由于不断增长的机械化引发的作为生产过程中剩余价值和利润的唯一来源——人类劳动的——逐渐减少而造成的。马克思在第三卷也分析了，尽管通过资本主义体系中大量中和趋势可以暂时抵消这种利润率下降的趋势，但这种趋势本身是不会消失的，而且其将会出现在资本主义的周期性危机中。

基于上述关于《资本论》内容的分析，科琴指出，马克思在《资本论》第一卷中假定的实体就是"劳动价值"，它改变着包含在商品中的大量劳动时间。这种"劳动价值"在任何实际的资本主义经济中都是经验上无法被感知且不可测量的，但是"劳动价值"在量上的变化却被认为（至少传统的马克思主义经济学家这样认为）对现实世界中经验上可感知的现象具有经验上可感知的影响[1]。

具体说来，如果包含在商品中的社会必要抽象劳动（Society Necessary Abstract Labor，SNAL）的量出现了一个长期的下降，那么根据马克思的观点，商品的经验上可测量的价格也将出现一个长期的下降。这种下降趋势并不一定会反映在商品的货币价格上，而是会反映在平均货币收入的比例上。换言之，根据马克思的观点，如果"不变资本"的SNAL价值（例如，直接或间接包含在厂房、设备和原材料中的 SNAL 的量）增速快于包含在工资商品（"可变资本"）和剩余或利润商品（"剩余价值"）中 SNAL 的量，那么随着时间的推移，资本主义体系中经验上可感知的平均货币利润率则会降低，而这个降低又会引发大量其他的经验上可感知现象（诸如经济危机）的发生。

---

① Gavin Kitching, *Karl Marx and The Philosophy of Praxis*, London and New York：Routledge, 1988, p. 83.

　　在上述分析中，科琴为我们揭示了马克思为什么以及如何深受自然科学的影响：在自然科学中不可见及不可感知的实体都被认为或者具有可见、可感的影响，又或者具有可见或可感的形式。这也解释了为什么20世纪的马克思主义者不仅深受分子和亚分子领域（最显著的是亚原子物理）科学发展的影响，而且深受这种发展所引发的自然科学哲学争论的影响。马克思和当代马克思主义者对自然科学这个概念的执着，使得他们不可能完全赞成经验主义的科学哲学。因为经验主义的科学哲学认为世界上唯一真实的现象就是那些可以被人类感知到的现象，所有其他实体仅仅是虚构假设的，尽管它们可以帮助人类对可感现象提供解释，但它们并不是真实的。然而，从马克思《资本论》中的观点又可以看到，正统的马克思主义者一定在哲学上是实在论者。他们必然坚持世界上存在那种真正的实体，它不能被人类轻易地感知，但它是真实存在且具有可感知的影响（例如，铁屑上电磁场的力）或具有可感知的形式（正如原子结合成分子，分子结合形成世界上绝大多数可感知事物）。

　　关于自然科学哲学中实在论的分析，科琴支持伊恩·哈金（Ian Hacking）关于实在论划分的观点。伊恩·哈金有效区分了现代自然科学哲学中两种类型的实在论："实体实在论"和"理论实在论"。举例来说，"实体实在论"的自然科学哲学家认为，物理实体是通过在分子和亚分子领域的实验得以确定的（例如，分子、原子、电子、质子、夸克），是实在的；"理论实在论"的自然科学哲学家则认为实体是在科学理论而不是科学实验中确定的，理论实体可能包括"能量""力""动力""加速度""电"以及诸如此类的自然科学理论中只有通过其影响才能被感知的实体。通常来说，由于自然科学家的研究对象是理论中无法观测的力或实体，随着时间的推移，自然科学家通过实验对其进行确证，这样的实体逐渐从仅仅是假定或推测的状态变成实在的事物，因而自然科学家往往是哲学上的实在论者。但考虑到自然科学家专业实践中实验和应用的核心地位，自然科学家也有可能就他们所操作的力和实体的实在性而言是认识论上的不可知论者。此外，自然科学中实验和应用的核心地位也表明科学家不仅能描述并解释不可感的现象，而且他们能够干预自然以操纵这类现象。自然科学家的这些操作几乎都能够具有可感知的影响或具有可感知的形式，而且只要这些操作越成功（表现为这些不可感现象能够被更好地理解），人们就会越来越相信不可感现象的实在性。

然而有些自然科学并不是在密闭或人工实验环境中对不可感现象进行操作的，例如地质学、气象学或天体物理学，这些实验仅仅是用来预测自然现象而非操纵自然现象。罗伊·巴斯卡（Roy Bhaskar）在《科学实在论》中，将这种开放系统的自然科学与社会科学加以类比，并以此为社会科学潜在的科学性做辩护。基于这种情况，科琴明确表示，他不认为这种类比是恰当的，借用这一点为马克思主义的科学性做辩护也是不充分的。他指出，这种开放系统实验关注的对象同分子和亚分子领域所关注的不可感实体是不相关的。开放系统实验的对象往往是被其他科学已经确定了的，有的开放系统的实验关注的是某种实体或力在地球上表现出的更大现象的特性（如地质学、气象学），有的开放系统实验关注的是某种出现于地球之外的宇宙范围的现象（如天体物理学）。无论上述哪种情况，开放系统的科学实验都没有关注不可感实体的实在性。因此，简单地将开放系统实验的关注对象与马克思主义的关注对象进行类比，以此证明马克思主义是一种"硬"科学，这种论证是不充分的。

接下来，科琴阐述了他所认为的马克思主义同分子和亚分子领域自然科学之间的区别是什么。不同于自然科学家可以通过实验和应用来确证其研究对象的实在性，马克思主义者不能通过实验和应用来验证其理论的实在性。马克思主义者不可能提出与"中子也许不是真实的，但我能够产生一个射线"或"DNA 分子也许不是真实的，但我可以创造出两头的浅绿色青蛙"同等的命题。马克思主义者也许会提出"价值也许不是真实的，但是我们能够预测工业利润率会下降"，或者"价值也许不是真实的，但是我可以预测在五年内将会发生一场严重的经济危机"，抑或"生产方式也许不是真实的，但我可以预测下一场马克思主义革命将发生在 X 国。"但即使这些命题都变成真的，马克思主义者也依然不可能证明他们关于这些事情的解释是唯一且最恰当的。原因在于，马克思主义者不能够通过实验操作那些他们假定用来产生某种预测事件的不可感实体，比如能够用实验方法降低价值的利润率来观察是否会实际减少货币的利润率，抑或通过实验的方式指出两种不同比例的生产方式，哪种生产方式是最革命的。总之，马克思主义者是不可能去论证他们对这些现象的解释优于任何非马克思主义理论所提供的解释，因为他们不可能通过操纵马克思主义理论实体去生产或再生产以证明其理论的科学性。

然而，一些马克思主义者可能会提出上述观点的反对意见，他们认为马克思主义者能够进行实验，马克思的《资本论》就是思想实验的一个典型。马克思在构建理论时采用的抽象过程和有关《资本论》的讨论就是某种自然科学实验的等价物，其中由抽象过程产生的实体就是真正的抽象物，即它们既是真实的又是具有实际影响的实体。科琴认为，思想实验并不足以称作科学实验，因为思想实验不存在非话语或超话语的元素为其做辩驳。科琴借用了维特根斯坦在《哲学研究》中对"私人语言"的可能性的讨论。维特根斯坦认为，由个人构造的且只有他理解的"私人语言"是不可能的，维特格斯坦在书中这样说道：

> 让我们想象下述情况。我想用日记记下某种感觉的重复出现。为此，我把它与记号"E"相联系并在我具有这种感觉的日子在日历上写下这个记号。——首先我要说，不可能给出这个记号的定义。——但我仍然能够给自己一个某种类型的实指定义。——怎样给出？我能指着这个感觉吗？在通常的意义上不能。但是我在说出或写下这个记号的同时把我的注意力集中在这个感觉上——这样，可以说我是在心中指着它。——但是这一套仪式的目的何在？因为看起来它只是这样的一个仪式而已。而定义当然是用以确立一个记号的意义的。——是呀，那正是通过集中我的注意力来完成的；因为我正是以这种方式把记号与感觉的联系印在自己的心中。——但是"我把它印在自己的心中"只能意味着：这一过程使我在将来能**正确地**记得这种联系。但在现在的例子中我并没有正确性的判据。人们在这里会说：在我看来是正确的无论什么东西都是正确的。而这只意味着我们在这里不能谈论"正确"。①

科琴认为，马克思缺少的不是对已抽象创造的实体的合理解释，他

---

① ［奥］维特根斯坦：《哲学研究》，第 1 版，138 页，李步楼译，北京，商务印书馆，2004。

缺少的是利用某种非话语的元素来处理这些实体以便让它们具有非话语的影响，而这一点正是自然科学家所能够做到的。科琴指出，他不认同范·弗拉森（Van Fraasen）的经验主义观点，即只有通过感觉得到的现象才是真实的，任何对术语的其他使用都是一种滥用，也不认同越来越朴素的科学实在论，这些科学实在论将分子、原子、中子、电子都看成同夹克、衬衫等一样"真实"。他认为，"'真实'这个词可能具有太多经验主义的内涵，以至于它成为除了在谈及自然科学以外令人困惑的任何东西"①。因此，是否将那些自然科学通过实验确证的不可见物称作真实并不重要，重要的是应该弄清楚科学家能够非话语地使用它们做什么。因此，科琴指出，"我的观点并不是同经验主义一样，认为'不能被感觉所感知的都不是真实的'，而是认为'朴素不可观测的以及不能被非话语地操作的，无论其是什么，都是不科学的'"，"将这样的事物称作真实并不会令其更科学一些"。②

综上所述，科琴通过对自然科学及科学哲学家关于自然科学判定标准的分析，得出结论：非话语实验和应用在自然科学中居于核心地位。由于对知识进行抽象和简化的思想实验不足以替代非话语实验，实验和应用并不适合马克思主义，因而将马克思主义等同于自然科学的实在主义论证并不能证明马克思主义具有同自然科学等价的科学性。然而，科琴只是否定了马克思主义作为同自然科学一样的"硬"科学的判断，他并没有否定马克思主义具有科学性，因为自然科学只是真理的一种形式。

---

① Gavin Kitching，*Marxism and Science：Analysis of an Obsession*，Pennsylvania：The Pennsylvania State University Press，1994，p. 41.

② Ibid.，p. 41.

自然科学作为科学的一种形式，其优势在于自然科学中非话语实践的重要性使其成为一个免于认识论批判的实践。无论实在论还是非实在论，几乎所有的哲学认识论都预设了约翰·杜威的"旁观者知识论"，即它们都预设不确定的知识关系存在于一个给定的消极主体和一个给定的消极客体之间，认识论的关键问题在于主体如何能够具有或获得关于客体的真知识。在这里，知识是被认知的，而且知识也常常被认为是对已知事物的一种映射或复制。事实上，几乎所有的认识论都是维特根斯坦所谓的"图像"理论，知识被认为是关于已知的"图像"。

然而，卡尔·马克思意识到关于知识的"图像"理论存在某种根本性错误。在他的早期著述里，马克思提出应该将知识定义为一种实践，这样知识就是时间维度的一个进程而非一种限于一时的（或一次性的）图像。他也强调人类作为一个物种其本质上是活动着的生物，人类使用思想作为大量非话语实践的一部分。从笛卡尔（Descartes）开始的整个认识论传统就是要解决知识的问题，只有这样人类才能依据真正的知识而在世界上活动。对马克思而言，这种传统没有看到知识的本质——作为非话语实践的一部分而形成并接受检验。

科琴指出，尽管年轻的马克思意识到应该通过将知识定义为实践来避免传统"图像"理论的陷阱，但他仍在之后的生涯中提出了不能逃离认识论质疑的"马克思主义是科学"的概念。科琴否定"马克思主义是科学"，实际上是在论证"马克思主义不是自然科学"。科琴的观点是，基于自然科学家可以使用而马克思主义者不可以使用那种类型的非话语实践（实验和应用），意味着自然科学家无论在实际还是在思想中都可以利用它们的不可见物，而马克思主义者则不行，实际上不可见物在自然科学家那里发挥的作用是完全不同于其在马克思主义实在论那里发挥的作用的。这种差异表现为，在马克思主义实在论中，马克思主义的不可见物是纯话语实体，然而在以分子和亚分子领域为代表的自然科学中，它们的不可见物既发挥话语的作用，也发挥非话语的作用。这种差异也决定了马克思主义不是"硬"科学。

三、马克思主义科学的政治因素和心理因素

在论证了马克思主义不是"硬"科学后，科琴转向探究马克思主义者宣称"马克思主义是'硬'科学"的原因。换句话说，科琴转向探索如果马克思主义者相信马克思主义是一种科学，那么他们这样认为的心理优势和政治优势究竟是什么？

为了便于分析，科琴把"马克思主义是科学"的政治优势和心理优势看作一个完全独立于"马克思主义是科学"的知识层面优势的问题。之所以做出这样的预设，是为了避免心理或政治上的还原主义。根据时间脉络，科琴对"马克思主义是科学"的政治因素和心理因素进行了分析，他将这种分析分为以下几个时期：马克思和恩格斯时期、第二国际时期、第三国际时期、阿尔都塞早期以及阿尔都塞学派时期。

（一）马克思、恩格斯时期

对马克思和恩格斯而言，"马克思主义是科学"这一判断的政治优势和心理优势在于使得马克思主义（或"科学社会主义"）同各种形式的"乌

托邦社会主义"彻底决裂。从时间上看，"乌托邦社会主义"是先于马克思主义而出现在英国、法国、德国的社会主义运动中的，而且在马克思、恩格斯所处的时代，其一直是马克思主义强有力的竞争对手。这具体表现为：科学社会主义与乌托邦社会主义(尤其是无政府主义)之间的斗争是第一国际政治的一个显著特征，在第二国际中其仍以某种变化了的形式继续存在。在这种斗争中，使用科学社会主义的概念主要是为了在工人阶级或者被压迫者，抑或全人类致力于寻求某种理想状态时，能够将马克思主义同全部社会主义理念并置，使得社会主义被视为某种道德上的对策或政治策略。马克思和恩格斯将社会主义和共产主义解释为"那种消灭现存状况的**现实的**运动"①，他们没有把社会主义和共产主义看作由知识分子或梦想家从外部提供给工人阶级的一种关于理想社会的一套蓝图，而是将其看作工人阶级在反抗资本主义的过程中由自身创造的一套价值标准和制度。也正是基于此，马克思对 1871 年巴黎公社时期由巴黎工人阶级组建的民主形式的政府赞赏有加，因为他将巴黎公社看作"那种消灭现存状况的现实的运动"的一个完美范例。

马克思、恩格斯的科学社会主义同"乌托邦社会主义"的彻底决裂，似乎忽略了他们的理论曾受到以欧文和圣西门为代表的乌托邦社会主义者启迪这一点。科琴认为，马克思和恩格斯确实主观上对此有所"隐瞒"，但这一方面是由于尽管乌托邦社会主义对资本主义的分析和批判，以及其社会主义的观点存在合理的成分，但乌托邦社会主义的阐述仍然是片面的；另一方面则是由于一直以来存在的科学社会主义和乌托邦社

---

① 《马克思恩格斯文集》第 1 卷，539 页，北京，人民出版社，2009。

会主义的争端，尤其是第一国际时期内部的派系斗争，这些都使得马克思和恩格斯为了保护自己所提出的理论而对这种借鉴予以弱化或一定程度的忽视。

　　马克思和恩格斯对科学社会主义概念的政治运用主要是将一般意义上的马克思主义同一般意义上的乌托邦主义并置，指出马克思主义的科学内核就是其政治经济学。虽然《资本论》实际上是"关于政治经济学的一个批判"，但这个批判的核心和目的是使政治经济学成为真正的科学。马克思主义政治经济学成为科学则是通过排除其政治因素，最主要的是在政治经济学抽象"原则"的观念形态中将资本主义社会的机构和实践"具体化"。然而，马克思如何运用其政治经济学来证明资本主义的必然灭亡以及被社会主义和共产主义所取代？《资本论》中虽然包含关于资本主义经济危机起源的大量评论，马克思一生中也多次（1850 年、1852年、1853 年和 1855 年）预测了经济危机的发生，但是并没有证据可以表明马克思曾推断资本主义经济危机将引发社会主义革命，马克思最多只假设过经济危机将给社会主义革命提供有利的环境，而且只有富有经验的、由共产党领导的、组织严密的工人阶级才能对这种有利环境加以利用。马克思还进一步假设，社会主义革命是否发生还受具体情况下决定工人阶级和资产阶级之间力量平衡的大量政治因素和其他因素的影响。

　　科琴指出，马克思和恩格斯把科学社会主义同乌托邦社会主义区分开来的主要依据，是科学社会主义将社会主义和共产主义看作工人阶级自发活动的结果，而没有将其看作理论家从外部带给工人阶级的关于理想社会的某种抽象蓝图。然而，并没足够的证据可以表明，马克思和恩格斯认为通过一般历史哲学和马克思主义政治经济学的科学预判，可以保证社会主义和共产主义是工人阶级活动的结果。相反，马克思和恩格斯曾认为，欧洲无产阶级的自发活动是否会导致社会主义和共产主义，取决于无产阶级内部是否为科学社会主义的理想信念而发动政治斗争。马克思和恩格斯在第一国际及其他地方发动的就是这种政治斗争。因而，我们可以说，马克思和恩格斯将其所处时代的政治和社会趋势解读为抗争必将胜利，欧洲无产阶级正朝着大众社会主义政治和反对资本主义的社会主义革命而发展。

科琴指出，科学社会主义允许马克思和恩格斯论证社会主义除了是工人阶级自发活动的结果以外什么也不是，而且在科学社会主义中处于核心地位的政治经济学能给马克思主义的创立者一种科学的特权；凭借这种特权，马克思和恩格斯可以提出"现实的""真正的"工人阶级政治学应该是什么样子。总之，科学的政治经济学提供给马克思和恩格斯的是洞察工人阶级政治利益和物质利益的一种特权。但马克思和恩格斯并未将这种洞察视作他们自己的观察和独特的见解，而是将这种洞察视作是由科学所提供的，因此这种洞察比任何个人观点或纯主观观点更有力也更具权威性。科琴指出，这正是马克思及其后的马克思主义者不断强调马克思主义是科学的心理因素和情感因素。

总之，马克思和恩格斯的科学社会主义为了彻底与乌托邦社会主义划清界限，为了获得工人阶级更多的青睐，为了在工人阶级运动中提供方向和策略的指导，迫切需要用科学的元素来肃清理论和实践中的乌托邦社会主义因素。出于上述政治和心理因素的考量，马克思和恩格斯坚持"马克思主义是科学"。科琴指出，尽管"马克思主义是科学"的提出含有这样的政治因素和心理因素的考量，但并不能简单地称马克思主义者是"（乌托邦式）梦想的施法者和造梦师"，"现代马克思主义者在讨论社会主义的有利条件时必须加深对社会主义实践可行性的考量"，这样将会使"马克思主义中经过适当修改的、分析的政治经济学成为一种真正的力量"①。

（二）第二国际时期

科琴指出，尽管马克思本人并不认为马克思主义科学已经表明共产主义革命是必然的，但这种观点在第二国际时期的确是普遍存在的，这一点在第二国际主要理论家卡尔·考茨基（Karl Kautsky）的观点中表现得尤为明显。考茨基将历史唯物主义解释成一种关于"生产方式"进化的"科学"，这种进化必然使人类社会从初级共产主义发展至后资本主义的共产主义未来社会。此处，值得探讨的是以考茨基为代表的第二国际马克思主义者们坚持共产主义必然性的信念是出于怎样的政治目的以及心理目的。

首先，不能忽视的是第二国际所处的历史时期对其观点形成的影响。第二国际成立于巴黎公社失败导致第一国际解散、科学社会主义在欧洲盛行的 19 世纪 80 年代末，同时期的资本主义世界中，经济危机引发了经济的全面崩溃和工人运动的兴起。此时，第二国际的马克思主义者从科学理论层面宣称共产主义必然胜利，无论是在理论上还是在政治、心理层面上都给无产阶级运动提供了支持。科琴将马克思主义者宣称的共产主义必然胜利对大众的鼓舞作用，类比作"末日审判在传统宗

---

① Gavin Kitching，*Marxism and Science：Analysis of an Obsession*，Pennsylvania：The Pennsylvania State University Press，1994，p. 59.

教的千禧年主义中发挥的作用"。在马克思主义的资本主义必然灭亡、共产主义必然胜利的信念中，软弱的群体将在革命时期变成大众革命的领导者，为革命提供动力。科琴指出，英国的工人革命党和社会党就可以被认为是这样的群体。

然而，科琴强调，这并不是马克思主义坚持共产主义必然性理念的主导性心理因素。19世纪末20世纪初，德国社会民主党就是一个反例。德国社会民主党并不是一个软弱无力的马克思主义群体，作为当时德意志帝国议会中最大的政党，它被认为是欧洲当时最强大和最具影响力的马克思主义政党。共产主义必然性的信念为德国社会民主党的每次选举、每次社会改革制度提供革命的合法性。在这种情况下，共产主义必然性的信念变成一种手段，通过这种手段，德国社会民主党的日常政治改革在心理和理论上都同其本身的革命传统保持一致。然而，德国社会民主党此举也饱受非议，最典型的就是对伯恩斯坦（Bernstein）《进化社会主义》的质疑。伯恩斯坦坚持改革本身的重要性，主张对马克思主义政治经济学的科学地位和以此为基础确立的历史必然性提出质疑。伯恩斯坦此举，无论在心理上还是理论上，都很难使日常改革实践与最终的革命保持一致。

（三）第三国际时期

第三国际也主张共产主义必然性的理念，但不同于在第二国际时期，第三国际的这种主张发挥着完全不同的心理作用。在第三国际共产党那里，对共产主义必然性的信仰主要表现为对日常政治斗争艰难和挫折的心理补偿。在此基础上，任何暂时的挫折都可以从最终必然获得胜利的信念那里获得心理补偿，尽管他们并不清楚距离最终胜利还需要多久时间。在实践中，这样的信念激发出激烈的运动，通过让人们持有上帝、历史乃至科学都是站在自己这边的心理暗示，而为运动的继续发展提供心理支持。

基于第三国际主张共产主义必然性理念的心理因素，科琴指出，当人们发现这种理念并非是理性的，或者说这种理念甚至与真正科学的需求相冲突的时候，人们在心理和情感上又会做出怎样的选择呢？要回答这一问题，则需要审视阿尔都塞及其后继者们对此问题的分析。

(四)阿尔都塞早期

纵观以上三个时期，马克思和恩格斯将科学社会主义与乌托邦主义并置，尽管他们认为马克思主义政治经济学是作为科学的马克思主义的核心内容，但马克思主义政治经济学依然与乌托邦主义存在明显区别。在第二国际和第三国际时期，"历史唯物主义"科学被塑造成历史进化论的基础，在这种理论中，全部人类社会都被设定为必然要从某种初级共产主义阶段，经过各种各样前资本主义社会、资本主义阶段，最终成为共产主义社会。

在早期著述中，阿尔都塞(Althusser)将马克思主义中的"科学"与"意识形态"并置，认为科学就意味着规避社会意识形态。阿尔都塞认为，意识形态所包含的内容是极其丰富的，此类命题包括：

(1)马克思主义依赖于某种关于人类本质的"本质主义"，即人类本质就是作为类存在。这是人道主义，也是意识形态。

(2)马克思主义者所熟知的历史最终指向某个终点或目标。这是一种历史决定论，也是意识形态。

（3）任何社会的政治、文化和精神生活都只是经济利益和力量（特别是阶级利益和力量）的一种"表达"。这是阶级或经济还原论，也是意识形态的。

（4）黑格尔哲学和受黑格尔影响的马克思主义，是意识形态。因为：在阿尔都塞的解释中，这产生了马克思主义的上述意识形态命题（1，2，3）。命题（4）是命题（1）的根源，因为黑格尔是马克思早期关于人的异化理论的起源。命题（4）也是命题（2）的根源，因为黑格尔哲学是彻底的目的论，青年马克思继承了这种历史哲学并以一种唯物主义的形式将其引入到马克思主义中。命题（4）还是命题（3）的根源，因为马克思从黑格尔的历史哲学那里吸收了"因果律"，这样，每个历史时期都被视作仅仅是绝对理念自我发展阶段的一种表达。阿尔都塞将意识形态的马克思主义视作已经将其包含在历史上生产方式的唯物主义形式中，因此在全部维度内，每种人类社会都只被视作对一些根本经济原则的表达（如"初级共产主义""封建主义""资本主义"等）。

（5）古典政治经济学和其后继者，特别是现代新古典经济学。阿尔都塞在这里的解释是非常正统的，这直接取自《资本论》《剩余价值理论》，以及马克思思想成熟期的其他著述对古典政治经济学的批判。因此，阿尔都塞只是重复马克思的论证，即使最好的古典政治经济学（例如，李嘉图的政治经济学），相较于科学而言，是更为意识形态的，因为其未能发展剩余价值概念来解决其关键的理论问题。它们之所以未能这么做，是因为剩余价值概念不能使古典政治经济学成为科学的同时还能自圆其说。因为剩余价值表明资本主义必然剥削工人阶级，这样，古典政治经济学就必须具有革命性。然而，根据马克思和阿尔都塞的观点，古典政治经济学的客观作用就是为资本主义做辩护，使之合理化，因而在结构上不可能做出这样的发展。

这种古典政治经济学作为意识形态的观点是基于对马克思剩余价值理论及所有由其延伸出的其他理论(例如，利润率下降的规律)的科学合理性的完全认可。阿尔都塞在《阅读〈资本论〉》中，基于对《资本论》的哲学式解读而非经济学解读的基础，假设了马克思政治经济学的合理性并为其做辩护。但是，如果人们并不相信马克思的剩余价值理论及其衍生理论是合理的，那么阿尔都塞关于古典政治经济学是意识形态的解释就有待商榷了。

(6)有关人类社会的全部概念都被认定为，社会是由社会主体或前社会主体构成的。阿尔都塞在他后期著述中，接受并发展了马克思关于资本主义制度下受剥削、受压迫，与统治阶级在物质关系上不平等的人，仅仅因为他们在法律上和形式上一样被视为选民、公民、合法的买方和卖方等，就被认为而且自身也认为是平等个体的观点。在阿尔都塞后期关于意识形态的国家机构的文章中，他把这称作资本主义国家意识形态机构对形式上平等主体的"质询"。此外，阿尔都塞把关于人类社会的所有描述和理论都归结为意识形态，无论制度和实践发生变化还是理念出现变化，人类个体都是社会变化的践行者。因此对阿尔都塞而言，任何通过检验科学家个人的观念、行为等来解释科学发展的科学理论，其本身就是意识形态的，而非科学的。

阿尔都塞对马克思主义科学构想的第二步就是尝试说明蕴含在马克思的生产方式的科学概念中的"结构的因果律"。阿尔都塞试图用"结构因果律"来描述马克思主义科学的认识论基础并明确地将其与所有形式的意识形态相分离。科琴认为，阿尔都塞这样做是"浪费精力去祛除并不存在于马克思主义中的邪魅"①。关于这一点，从阿尔都塞的6个意识形态命题中就可以看出。

具体而言，科琴认为，阿尔都塞的命题（1）是存在争议的，马克思早期关于异化和类存在的表述中的确使用了人类本质的"本质主义"观点。但这种观点中人类只是目前已知宇宙中具有意识的创造性存在，其创造活动在道德上是不受限制的，例如，人类可以建造毒气室，也可以组建室内管弦乐队；可以创造人间炼狱，也可创造人间天堂。人类会做什么是由特定时期特定的社会和政治情况所决定的。基于此，科琴认为，马克思思想中最伟大成就之一就是提出了关于人类本质的本质主义解释，而且由于这种解释并不旨在确立人类的某种真正道德本质，因此它不是道德上或政治上的本质主义解释。此外，马克思的人类概念是一个彻底的历史概念，人类根据他们从类生活实践中获得的经验来学习和定义进步意味着什么，这一点与黑格尔将历史概念当作某种非历史假设的道德存在是完全不同的。

针对命题（2）和命题（3），科琴指出马克思既不是一个历史决定论者，也不是一个经济还原论者。马克思在《德意志意识形态》和《神圣家族》中就已经明确否定了黑格尔的目的论。而且马克思在其著述中也时常关注政治、文化、社会冲突的阶级和经济维度，因此他更不是一个经

---

① Gavin Kitching，*Marxism and Science：Analysis of an Obsession*，Pennsylvania：The Pennsylvania State University Press，1994，p. 67.

济还原论者。命题(1)(2)(3)存在的争议也使得命题(4)不能成立。事实上，科琴认为命题(1)到(4)是阿尔都塞用一些马克思从未提到的意识形态命题来判断马克思。

命题(5)的错误则与前四个命题错误的类型不同。马克思的剩余价值理论的确解决了李嘉图(Ricardo)经济学中的一个关键问题(即在包括劳动在内的所有商品都根据其劳动价值而交换的经济模式中，利润是如何产生的?)。但是这样一种解决方式本身并没有根据李嘉图问题以及马克思主义提出的解决方式来说明劳动价值这一理论实体的科学地位。科琴认为，马克思关于古典政治经济学的"意识形态"术语最具启发性的使用，并不是他为人所熟知的对李嘉图理论的科学发展，而是在《哲学的贫困》中的首次使用。在《哲学的贫困》中，马克思论证了通过选取一个历史阶段内在社会中占主导的经济制度和实践，并将其抽象化为政治经济学的永恒原则，古典政治经济学把资本主义视作最终的经济形式和历史上唯一可能的理性的经济形式。因此古典经济学家通过资本主义经济理性的规定来判断之前所有的社会形式，并把自己当作意识形态的辩护者。值得注意的是，这种对古典政治经济学的批判并不是说古典政治经济学是错误的，它只是指出了古典政治经济学在某些方面存在局限，需要换一个不同的视角方能全面解读。

关于命题(6)，科琴指出，马克思的确在《资本论》和其他一些地方暗示过资本主义产生一个现象领域，在该领域中物质上不平等的阶级主体表现为形式上平等的政治主体或司法主体。但是，阿尔都塞关于意识形态主体概念的内涵远远超出了马克思所指涉的含义。因为阿尔都塞认为，主体的法律平等不仅是阶级社会中的一个意识形态表象，而且做出主体是自发的社会行动者这种假设本身就是意识形态的。阿尔都塞这种观点的理由主要是，在资本主义制度下，单个主体只是阶级关系的"承载"和"支撑"，或者更广义地说是社会生产关系的"承载"和"支撑"。这就意味着一个工人之所以为工人，一个经理人之所以为经理人，只是适应已经制定好的规则、条例或活动形式而预先设定社会角色，之后又通过形形色色的个体活动将其再现出来。

(五)阿尔都塞学派时期

科琴认为，尽管早期阿尔都塞对人道主义、历史决定论、经济还原论做出批判，但其批判所指向的现实目标也许并不是马克思，而是 20 世纪 60 至 70 年代的法国（或苏联、东德等）的共产党领导层。因为，阿尔都塞认为在第三国际的马克思—列宁主义中，特别是他所在的法国共产党中存在一种制度化的趋势，将马克思主义理论工作仅视为共产党领导层在某一特定时刻所追求的政治策略的"仆役"。因此，政策和政治路线首先是由这些领导层根据某种不变的实用主义或现实政治而制定，然后党的知识分子再用理论包装已选定的政治路线。20 世纪 70 年代末，阿尔都塞强烈批判了法国共产党在其宣言中抛弃无产阶级专政的概念。因为，法国共产党此举主要是出于实用主义政治的考量，具体说是为了改善法国共产党在法国政治中的民主形象，其既没有对马克思主义传统中无产阶级的现实含义给予充分的考量，也没有对此举将会产生的长期政治影响给予充分的考量。这种现实背景促使阿尔都塞花费大量精力去为马克思主义是科学做长篇的哲学辩护，因为马克思主义者迫切需要不受共产党领导层干涉地从马克思主义科学中提取政治理念。

　　然而，阿尔都塞的批判和表达方式局限了其理论的影响力。首先，他以最间接的方式展开批判，这几乎对坚定而务实的政治家不造成任何影响。其次，他更愿意从他的理论思考中澄清那些含混的政治意蕴，而不是将政治意蕴的表述局限在信念的范围内。阿尔都塞的这种间接躲闪的批判方式，造成了他的观点只对学院派产生影响，特别是法国、英国和美国的人文和社会科学学院。

　　由于科琴已经论证了马克思主义不是自然科学，因此阿尔都塞的理论不可能确立马克思主义是自然科学的观点，而科琴对阿尔都塞意识形态 6 个命题的批判也清楚地表明阿尔都塞曲解了马克思主义哲学。科琴揭露了对马克思主义经济学问题存在的彻底的忽视，并发起了一个关于"不确定的主体"的批判。既然阿尔都塞的理论存在上述缺陷，那么为什么他的思想在英国和法国会产生如此大的反响呢？科琴认为，这主要是一种心理方面的影响，阿尔都塞的作品所包含的大量元素令知识分子在心理上为之着迷。科琴将这种元素总结为三点："对精确知识的膜拜，以及对于这样的精确可以实现什么的一种令人陶醉的理想主义；一种晦涩、令人费解的术语，这种术语创造了许多令人着迷的隐喻世界；对不确定的主体的彻底批判，这种批判甚至在马克思主义著述中废除了作为作者的主体。"[1]科琴指出，第三个元素对马克思主义知识分子心理层面的影响是尤为突出的。为了更清楚地说明这三点元素，科琴给出了一些阿尔都塞及其追随者的表述。

---

　　① Gavin Kitching, *Marxism and Science*：*Analysis of an Obsession*，Pennsylvania：The Pennsylvania State University Press，1994，p. 79.

1. 对精确知识的膜拜

请读者相信，我将尽量赋予我用的概念以严格的定义；为了理解这些概念，必须注意它们的严谨性，而假如这种严谨性确有道理的话，请读者予以赞同。理论如果不具有其对象所要求的严谨性，就不称其为理论，或者说，就不是严格意义上的理论实践。①

如此宽宏而又如此骄傲的俄国人民何以能够忍受斯大林的大规模镇压，布尔什维克党何以能够容忍这些罪行，一位共产党领袖何以能下令进行这样的镇压？为了不回避这个最棘手的问题，在我看来，那就必须抛开"扬弃"那一整套逻辑，而且要抛得一干二净。显然，这个问题在理论上还有大量的事情要做。我说的是不仅要从历史研究（因为历史研究统率所有的研究），而且正因为历史研究统率一切研究，我们要求在马克思主义的历史研究中首先注意精确性，即要对马克思主义的概念及其含义和论证具有准确的认识，对马克思主义概念的特点，以及对这些概念与它们的幻影的区别，进行精细的研究并得出精确的认识。②

我们只有在认识那些占据马克思某些尚未完善的科学概念的位置的哲学概念的意识形态性质的绝对前提下，总之，只有在同时对马克思主义的哲学概念加以说明的绝对前提下，才能对这些尚未完善的科学概念作出严格规定，因为只有马克思主义的哲学概念才能

① ［法］路易·阿尔都塞：《保卫马克思》，第1版，154—155页，顾良译，北京，商务印书馆，2013。
② 同上书，106页。

够把那些掩盖科学概念的缺陷的哲学概念作为意识形态的概念识别和揭示出来。①

　　相较于意识形态理论的经验主义实践，科学经过了严格的科学概念理论建构和科学对象理论定义的过程。本书关注的是马克思主义科学理论。因而必须根据其概念领域和具体的问题证明形式来对马克思主义理论做出判断。我们试图构建某种前资本主义生产方式的概念……我们的解释和论证都是理论的，它们只能从理论方面得到评估——这就是只能根据其精确性和理论上的一致性。②

　　科琴指出，这些引文以不同的方式表现了其在心理上对马克思主义知识分子的吸引。首先，它们都呼吁重视专业知识的难以为继，正是这一点导致人们放弃成为知识分子。因此，知识分子不会急于说他并不想给自己的概念一个精确的内涵，他们也不会否认理论和理论工作的重要性。其次，阿尔都塞和他的追随者们通过简单地复制其术语，展示出一种押韵的天分，这样这些句子的发音就同它们的语义一样严格。最后，阿尔都塞的论述内容和其严格控制的隐喻促成了一种强势的语气。

　　2. 隐喻图景

　　可以看得见的东西是在一定场所和范围内，即在某一理论学科

---

　　①　［法］路易·阿尔都塞、艾蒂安·巴里巴尔：《读〈资本论〉》，第2版，131页，李其庆、冯文光译，北京，中央编译出版社，2008。
　　②　Barry Hindess, Paul Hirst, *Pre-Capitalist Modes of Production*，London：Routledge and Kegan Pual，1975，p. 3.

的理论总问题的一定结构领域内的一切对象和问题……这样，看就不再是具有"看"的能力并且在注意或者不注意的情况下运用这种能力的个别主体的行为。看就是看的结构条件的行为，就是总问题领域所内在的对**它的**对象和问题的反思关系……严格地说，不再是主体的眼睛（精神的眼睛）去看理论总问题所决定的领域中存在的东西，而是这个领域对它的对象的必然反思（由此也就可以理解古典哲学对看的"误解"，古典哲学陷入了窘境，**不得不同时说**，看的光是来自眼睛又来自对象）。①

马克思通过他的概念来规定经济的时候（我们暂时用空间的比喻来说明他的思想），他不是在同质的平面空间的无限性中，而是在区域结构所规定的、并且是总的结构的组成部分的特定领域中来说明经济现象的。因此他是把经济现象看做是一个复杂和深刻的空间，而这个空间又是另一个复杂而深刻的空间的组成部分。现在我们抛开这个空间比喻，因为它的作用在刚才那个对比中已经发挥完了。实际上，问题的关键就在于这种深刻性或更严格地说，这种复杂性。②

结构对阶级斗争领域的影响，在这里表现为一个阶级作为一个不同的阶级，作为一种社会力量而存在的限度。根据一个阶级所达到的特殊组织（权力组织）阶级，这些影响也表现为这个阶级所可能包含的领域的扩大；这个领域扩大的范围就是它的客观利益扩大的

---

① ［法］路易·阿尔都塞、艾蒂安·巴里巴尔：《读〈资本论〉》，第2版，14页，李其庆、冯文光译，北京，中央编译出版社，2008。

② 同上书，167页。

范围。如果我们用这种方式说明这个领域的双重限界(每个领域都有一个"近边界"和一个"远边界")，那么，一个阶级的客观利益并不直接表现为它作为一个不同的阶级，作为"自在"的阶级的某种类型的"地位"而存在的限度，但表现为它作为一种社会力量而行动的范围。①

整个结构归根到底决定于经济这个事实，并不意味着经济在这个结构中总是起着同质作用。由占统治地位的结构构成的统一体意味着每种生产方式都有一个占统治地位的方面或环节；但事实上经济之所以起着决定性作用，是因为经济让某一个环节起同质作用，而由经济掌握着起决定作用的环节的转换，这种转换是由于各个环节分散活动的结果。②

生产方式理论在其形成中占主导地位……将国家的一般特征(封建的、资本主义的等)确定为由经济的基础作用所给的实例的具体表述功能。③

坚持初级共产主义的存在，这是另一个需要确立的概念。正如我们所看到的，经济结构在决定中的基础作用，用生产方式的概念定义了实例表达的具体形式。因此，在缺少关于初级共产主义生产方式的详尽概念的情况下，我们并不具备区分初级共产主义和高级

---

① ［希腊］尼科斯·波朗查斯：《政治权力与社会阶级》，第 1 版，116—117 页，叶林、王宏周、马清文译，北京，中国社会科学出版社，1982。

② 同上书，4—5 页。

③ Barry Hindess，Paul Hirst，*Pre-Capitalist Modes of Production*，London：Routledge and Kegan Pual，1975，p. 40.

共产主义的理论依据，而这两种生产方式在马克思主义传统中是与众不同的。①

"纯粹的"生产方式是由不同环节的联结构成的，社会阶级正是把这种"纯粹的"方式作为它的模式对它的支持者的影响来研究时才在这种联结中表现出来，记住这一点是重要的：例如，在从理论上研究"纯粹的"封建生产方式时，这种方式中的阶级已经作为特殊的政治经济"社会阶层"表现出来。②

阶级……并不在结构内部表现出来，而完全是社会关系领域内各种结构产生的全面影响，在阶级社会中，它们本身就包含着承担者/支持者在社会阶级中的分布情况，之所以如此，是因为社会阶级决定着承担者/支持者与生产方式和社会形态的结构之间的关系。③

科琴指出，阿尔都塞学派的著述在心理上最令人着迷的地方就是这种多样的隐喻图景，它创造并邀请读者同各种各样的"结构"（例如，"错综复杂的情况""生产方式""社会形态"）共存，而且这些隐喻图景在读者产生困惑前就已经发生变更了。然而，隐喻图景和结构只是一个认知过程中的两个概念结果，这种认知过程中混合着深刻的哲学错误以及同样

---

① Barry Hindess，Paul Hirst，*Pre-Capitalist Modes of Production*，London：Routledge and Kegan Pual，1975，p. 42.

② ［希腊］尼科斯·波朗查斯：《政治权力与社会阶级》，第 1 版，67 页，叶林、王宏周、马清文译，北京，中国社会科学出版社，1982。

③ 同上书，61 页。

深刻的心理诉求。因此，要想理解阿尔都塞对知识分子的吸引力，就必须检验并理解这种认知过程。

阿尔都塞和他的追随者认为思想就是概念化。实际上，"概念"是阿尔都塞主义语言体系中最重要的词语，这一点从上面的引文中就可以看到。对阿尔都塞而言，在思考、分析、解释之前，想象是最重要的，想象是必要的而且它常常将物体与名称相关联。因此，阿尔都塞所使用的的概念都是名词（例如，"或然性""知识""理论""意识形态""科学""经济""政治"）或名词词组（"社会形态""生产方式""剩余劳动的占有方式""自然的占有方式""生产力""生产关系"等）。

然而，阿尔都塞并不认为认知过程就是给外在于思想的先在客体贴上名词标签。人类思想不能被动地反映外在的现实世界，因而人类思想需要积极地通过理论，或者更准确地说是通过理论实践而占有世界、塑造世界。将一个对象概念化的过程就是一种创造，因为概念化的过程创造了讨论中的对象，这种讨论对象是"思维对象"或"知识对象"，而不是一个"真实对象"。阿尔都塞的"知识""理论"和"科学"都是通过创造一个对象世界来运作的。因此，阿尔都塞无论在描述科学的结构、科学与意识形态的关系时，还是在描述生产方式的结构以及生产方式同社会形式的关系时，他都是在描述事物及事物之间的关系。然而，由于几乎所有关于"事物"的词汇和关于"对象"的词汇都来源于空间关系中实体的词汇，阿尔都塞自然会趋向创造空间结构和隐喻图景。科琴认为，许多关于阿尔都塞在多大程度上是或不是一个结构主义者的讨论并没有抓住问题的关键。因为阿尔都塞的概念化以及他将名字—对象的关系视作思维本质，这些必然会导致他采取结构分析，也导致他形成隐喻图景。

3. 废除主体

总问题领域把看不见的东西规定并结构化为某种特定的被排除的东西即从可见领域**被排除的东西**，而作为被排除的东西，它是由总问题领域所固有的存在和结构**决定的**。看不见的东西禁止和压制了某种领域对它自己对象的反思即总问题对它的对象之一的内在的必然关系。①

这里谈到的**"思维"**并不是同作为**物质**的现实世界相对立的超验的主体或绝对意识的能力，这种思维也不是心理主体的能力，虽然人的个体是这种能力的承担者。这种思维是历史地自然现实和社会现实中产生和形成的**思维器官**所构成的体系。思维由现实条件的体系来规定，正是这些现实条件使思维，恕我冒昧地这样说，成为认识的特定的**生产方式**。思维本身是由一种结构建立起来的。这种结构把思维所要加工的对象（原料）、思维所掌握的理论**生产资料**（思维的理论、方法、经验的或其他的技术）同思维借以生产的历史关系（以及理论关系、意识形态关系、社会关系）结合起来。正是理论实践条件的这一体系赋予思维着的主体（个体）在认识生产中的地位和作用。②

作为认识的科学命题的确实性是在一定的科学实践中通过特殊的形式得到保证的，这些形式保证了认识产生过程中的科学性的存

---

① ［法］路易·阿尔都塞、艾蒂安·巴里巴尔：《读〈资本论〉》，第 2 版，14 页，李其庆、冯文光译，北京，中央编译出版社，2008。

② 同上书，29—30 页。

在。换句话说，这种确实性是通过这样一些特殊形式得到保证的，这些形式赋予认识以（"真正的"）认识的特性……我们看到，这些特殊形式在科学论证的表述中，也就是说，在迫使被思维的范畴（或概念）按照顺序出现或消失的现象中起着作用。因此我们说，认识作用的产生机制就是作为顺序形式在论证的科学表述中发生作用的基础的机制。[①]

我们在这里不能研究这样一些问题：这种引起目光改变的**"场所变化"**本身只是在极为特殊、极为复杂而且常常是戏剧性的场合下完成的；这种"场所的变换"绝对不可以归结为关于改变"看的角度"的精神决定这种唯心主义的神话；"场所的变换"开始了不是由主体的看引起，而是主体在它所处的场所进行反思的过程；在认识的生产资料的实际变换过程中，无论是"构成主体"还是看的主体都无权对可以看得见的东西的生产提出承认自己的作用的要求；所有这一切都是在理论结构变化的辩证危机中发生的，在这种变化中，主体所起的作用并不是它自认为起到的作用而是过程的机制赋予它的作用。我们在这里只满足于作出这样的论断：主体必须在新的场所占领它的新的位置，换句话说，主体必须，部分地说是不知不觉地，置身于新的场所，才能够把使它能够看见看不见的东西的有教养的目光转向以前没有看到的东西上。[②]

---

① ［法］路易·阿尔都塞、艾蒂安·巴里巴尔：《读〈资本论〉》，第 2 版，55 页，李其庆、冯文光译，北京，中央编译出版社，2008。

② 同上书，16 页。

科琴指出，从上述引文中不难看出，阿尔都塞的思维图景具有强烈的废除思维主体的特征，他将理论、科学、意识形态当作积极的对象，而把人类仅仅看作它们的"承担者"或"代理人"。这一点从心理上也对马克思主义者形成了一种强烈的吸引——从心理上免除了知识分子对自己做出的知识主张所应负的责任，而且他们的知识主张同时也被确保是"科学的"。总之，阿尔都塞著述在心理层面的主要吸引力就在于，其令20世纪70年代英国、法国和美国的一大群青年知识分子能够不用向前辈们解释就可以直接去断言前辈们不曾拥有的理解。因为，他们认为自己的理解并不是个人主观的理解，而是对一个理论或者一个问题的理解，这种理解是科学的。

综上所述，科琴通过对马克思和恩格斯时期、第一国际时期、第二国际时期以及将"保卫马克思主义学说的科学性"作为首要任务的阿尔都塞时期对马克思主义思想的发展，表明马克思主义知识分子坚持"马克思主义是科学"主要是出于一种心理诉求。因为19世纪中期至今，所有马克思主义知识分子都需要直面残酷的现实：现实中的资本主义社会有着复杂的经济和社会结构，强有力的国家机构，无论在资产阶级中间还是无产阶级中间都获得强大的支持力度，最重要的一点在于，这使得工人阶级成为只具有极小革命性的组织且他们相信资本主义的未来以及社会主义的可能性。在这种情况下，马克思主义知识分子自然会产生寻求对马克思主义信念的迫切心理支持，他们希望通过将马克思主义同科学联系在一起，以此赋予马克思主义在心理层面和政治层面更大的优势，继而能够同业已取得一定优势的且无所不在的资本主义现实做抗争。

科琴通过对自然科学判断标准的讨论和科学哲学中实在主义的批

判，解释了他为什么不赞同马克思主义是自然科学。在此基础上，科琴从不同阶段马克思主义者做出"马克思主义是科学"的主张所依托的政治因素尤其是心理因素出发，揭示了之所以做出这种宣称的心理和政治因素。但科琴对马克思主义科学性的探讨并未止步于此，他表示，"如果马克思主义者愿意的话，他们可以继续把自己看作是科学家，但是为此他们必须有一个与他们一直所承认的科学实践完全不同的科学实践观念"①。具体而言，他认为马克思主义者应将自身看作一个认知共同体，一个语言共同体，一个致力于达到某一目标的人群共同体。他们的认识主张具有潜在的可理解性和可接受性，他们的"语言游戏"和实践以及最终目标也具有被其他人所理解和接受的潜力。因此，马克思主义者需要持续、多维度地做出努力来让马克思主义理论获得广泛的认同和接受，努力扩大成员数量。事实和逻辑都已证明，依靠宣称"马克思主义是科学"这种手段并不能有效实现初衷，科琴提出应树立实践哲学在马克思主义理论中的核心和统领地位。

① Gavin Kitching, *Karl Marx and the Philosophy of Praxis*, London and New York: Routledge, 1988, p. 5.

第二章 | 辩证的实践哲学

　　科琴基于对自然科学的实证主义判定标准的分析，否定了一直以来弥漫在马克思主义者中间的，主张马克思主义就是自然科学的观点。尽管科琴否定了马克思主义是同自然科学一样的"硬"科学，但他并没有因此否定马克思主义自身所蕴含的科学性。科琴围绕将马克思主义视作科学的这种观点，分析了自马克思和恩格斯以来，马克思主义者之所以做出这样主张的心理因素和政治因素。科琴主张，应该将马克思主义视作一种观点，而且马克思主义不是一种静态的、完成形态的观点，而是一种随着实践不断丰富发展和调整变化的观点。正如前文所论述的，马克思主义理论并不是静态的、完成态的知识体系，马克思主义总是密切关注着对世界的新的经验性发现，并且根据新的实践来及时调整自身的观点以此来应对时代的变化。因此，马克思主义思想的张力及其思想的历久弥新就在于其辩证的实践哲学。

一、马克思的哲学构造

科琴认为，列宁所提出的马克思的工作可以被看作三个要素的复合体(即德国的古典哲学、英国的政治经济学和法国的空想社会主义)，这是一个相当正确的描述。但科琴强调，在这一复合体中，实践哲学广泛地影响着马克思的经济理论和共产主义观点，原因有两点：一方面，古典经济学的经济理论通过实践哲学的"棱镜"而得以确立其基本原则；另一方面，空想社会主义的共产主义概念，自始至终都受到实践哲学的影响。科琴进而指出，如果我们要理解马克思，就必须理解黑格尔和费尔巴哈(Feuerbach)，因为：黑格尔发展了一种分析的方式或方法(马克思认为它有一个合理内核即辩证法)，而费尔巴哈对黑格尔的批判则深深地影响了马克思。

之所以这样说，是因为马克思在《资本论》的德文第二版第一卷的"编后记"中就明确提到了黑格尔对自己的影响，"我的辩证方法，从根本上来说，不仅和黑格尔的辩证方法不同，而且和它截然相反。在黑格尔看来，思维过程，即甚至被他在观念这一名称下转化为独立主体的思维过程，是现实事物的创造主，而现实事物只是思维过程的外部表现。我的看法则相反，观念的东西不外是移入人的头脑并在人的头脑中改造过的物质的东西而已。将近 30 年以前，当黑格尔辩证法还很流行的时候，我就批判过黑格尔辩证法的神秘方面"；"辩证法在黑格尔手中神秘化了，但这决没有妨碍他第一个全面地有意识地叙述了辩证法的一般运动形式。在他那里，辩证法是倒立着的。必须把它倒过来，以便发现神秘外壳中的合理内核"。① 所以，根据马克思的说法，黑格尔发展了一种存在合理内核但黑格尔将其神秘化的分析方式或方法。这种分析方式或方法就是辩证法。此外，作为黑格尔追随者的费尔巴哈，其吸收黑格尔观点的同时也对其进行了批判，费尔巴哈的批判深深地影响了马克思。马克思正是在对黑格尔和费尔巴哈的超越的基础上确立起了自己的哲学思想。

(一)黑格尔和马克思

首先，科琴提供了一个关于黑格尔哲学中心思想的概述。作为一个最伟大或者最极端的唯心主义哲学家，黑格尔同其他唯心主义哲学家一样，认为世界上所有的物都是通过精神、观念被认识的。因为除非通过我的精神，我根本不可能认识世界，这样，我的精神所告诉我的世界就是世界之所是，精神与世界是同一的。当然还有一种哲学传统即经验主义，其与唯心主义相反，宣称在精神与世界之间存在着一种联系，一种通过感觉表象和它们对大脑作用的联系，这种作用在科学上是可研究和可理解的。于是，人类关于世界的认识是关于外在于精神的某些事物的认识，精神与世界不是同一的，不是不可分的。在 17 世纪，经验主义似乎在知识分子们中间占有优势，它还强化了 17 世纪和 18 世纪关于

---

① 《马克思恩格斯文集》第 5 卷，22 页，北京，人民出版社，2009。

"科学"和"理性"的信念，并成为"启蒙运动"的标记。但是，到了 18 世纪后期，德国伟大的哲学家康德(Kant)对此表示根本的怀疑，而在科琴看来，康德哲学也许是黑格尔哲学的最重要的启迪。

康德指出，经验主义对知识的解释在一个关键的方面是模糊的、不明确的，即关于简单的感觉表象如何被联系和联结起来变为更复杂的观念和概念。例如，一个人可能会明白感觉表象如何"产生"关于蓝的、绿的、黄的等观念的，但是它们自身是如何能够从内部"产生"关于颜色的观念呢？而且，对人类而言，还有别的更为根本的概念(时间与空间)是不能从感觉表象中通过联系、对比或别的任何东西引申出来的。因此，康德认为，人的精神不是白板，不是从一出生就准备好被感觉表象来填充的一张白纸。相反，为了了解或利用感觉表象，人的精神从一出生就必须已经具有某些组织范畴或参考框架，即康德所说的"天赋观念"，它们建立起人类理性能力的核心，是人类区别于任何其他动物的本质能力。科琴指出，康德为黑格尔哲学奠定了基础，因为他重申和更新了"唯心主义"关于精神与世界的观点以反对经验主义的攻击。通过康德，黑格尔更加确信唯心主义的基本立场即是认为精神与世界是同一的，不存在能够区分二者的方式。

在科琴看来，黑格尔哲学有两个核心概念即"精神"（Geist）和"理念"（Idee），这两个概念是紧密联系的。黑格尔对康德之后唯心主义哲学的主要发展，在于他坚持不论是精神还是理念都有一个历史。人类的理性能力与理解力通过时间而成长、扩展和深化，因此人类的历史就是理性发展的历史。在黑格尔的哲学中，我们不仅可以发现精神与世界同一的观点，而且可以发现精神实际上创造了世界的观点。在黑格尔看来，这在两种意义上是真实的：第一，因为对黑格尔来说"世界"＝"关于世界的知识"，所以随着知识的变化（即随着精神的发展）世界也在变化；第二，因为人类在世界中的行动要以他们关于世界的知识为基础，世界日益被理性通过建立在其基础之上的人类活动所改变和统治，这样一种活动形式随着人类种群的进化而日益占有优势。实际上，我们可以把所有的人造物，从最细小的（钢笔、铅笔、桌子、椅子、勺子）到最宏大的（水坝、公路和铁路系统、飞机、电子通信系统），看作人类理性的具体化和客观化。科琴强调，这在黑格尔哲学中是一个非常重要的概念，它深深地影响了马克思。同时，我们可以看到，在黑格尔的哲学中，人类（实际上是人类自我）是几乎完全没有出现的。这是因为，对黑格尔而言，通常人所拥有使他们成为人的东西是"精神"；而且，思想的范畴对所有人的精神都是相同的。于是，"在黑格尔这里，世界变成了这些普遍的思想范畴的创造物、产物。例如，黑格尔会说一个公民的私人生活是'隐秘'这个理念的产物（或者是具体化）。同样，一个官僚机构对黑格尔来说，是'公共精神'或'公共利益中合理的客观性'的理念的产物或具体化"①。全部人类历史就是一个通过理念使自身客观化为物质现实的过程。客观化的过程对黑格尔来说也是一个异化的过程。因为，当思想把自身客观化为无数不同的物质产物和社会政治机构时（家庭、职业组织、国家），它并没有将这些事物视作是自身的产物、具体化和多方面的客观化。相反，思想把这些物质产物和社会政治机构看作从自

---

① Gavin Kitching，*Karl Marx and the Philosophy of Praxis*，London and New York：Routledge，1988，p. 16.

身分离、异化出去的东西。黑格尔也是这样解释经验主义的，在哲学领域，经验主义是思想从它自身异化的表现。

科琴敏锐地认识到："客观化和异化这两个联系着的概念把我们带入黑格尔哲学的心脏。"[①]对黑格尔来说，人类历史是一个过程；通过这一过程，思想首先通过客观化异化自身，然后逐渐分阶段地意识到这些客观化是它自己的产物，也就开始理解这些客观化和它自己的成就与可能性。例如，"住所"的理念客观化为房屋，"交通"或"通讯"的理念客观化为公路、铁路、公共汽车、小汽车，电话线等。在政治领域中，"社会的公共利益"客观化为国家机构。然而，对黑格尔而言，客观化的过程也是一个异化的过程。因为，当精神把自身对象化为无数不同的物质产物和社会机构（家庭、职业群体、国家）时，精神未能领会到这些事物是其自身的产物，是它的具体化，是它的各式各样的客观化。因此，精神把这些事物看作从自身分离（"异化"）出去的东西。事实上，这就是黑格尔对经验主义的解释，即在哲学领域中，经验主义就是精神对其自身异化的表现。在黑格尔那里，历史的终点、目标以及顶点就是克服异化，异化的超越存在于思想的完全的自我理解，存在于思想关于它自身同时关于世界的完全无碍的自我意识。思想的完全自我理解同时也是思想对世界的完全理解和控制，这可以说是理性的最终凯旋。黑格尔异化理念的一个特别含义对于理解马克思是尤其重要的。黑格尔的哲学是高度神学的，因为他最终把"精神"和"理性"看作上帝的表现。19 世纪早

---

① Gavin Kitching，*Karl Marx and the Philosophy of Praxis*，London and New York：Routledge，1988，p. 17.

期德国的保守黑格尔主义者通常都是宗教信徒，但是青年"黑格尔左派"特别是费尔巴哈和施特劳斯（Strauss），他们反对黑格尔哲学的这一方面，并实际上将黑格尔的客观化和异化概念转变为无神论思想的工具。青年马克思和青年费尔巴哈同"黑格尔左派"一样，都认为宗教信仰是思想自我异化的一种典型的、独特的和弱化的形式。因为，在宗教中，人类意识最卓越的一些产物，如道德价值、正义与非正义、美与善的观念等，都被客观化为具有异化的超人（神或上帝）属性或特性，它们既脱离人类王国又通过思想统治着人类王国。实际上，在许多宗教里，上帝或神被推崇为世界的实际创造者。但是，在"黑格尔左派"看来，这仅仅是思想发展的一个历史阶段。因为当思想意识到道德、正义、真理等观念是其自身的创造物时，思想将同时意识到上帝或神也是它的"客观化"、它的创造物，然后将这些崇高的范畴当作自身存在的一部分。或者简单地说，在"黑格尔左派"的概念中，无神论是人类思想超越自身异化道路上的一个重要阶段。科琴指出："马克思终生都是一个无神论者，因为他从未放弃青年时期学到的这个左派黑格尔主义的异化的宗教概念。"[①]

在科琴看来，马克思于19世纪40年代在一些重要方面"重新阐释"了黑格尔的哲学思想，但他从未放弃过黑格尔哲学的本质。部分"重新阐释"是马克思与其他"黑格尔左派"，特别是同费尔巴哈共同的地方，其他部分则是他的独创。马克思同费尔巴哈一样，把实际中思考和行动的人类主体重新引入黑格尔的历史哲学中，但他们都保留了黑格尔关于

---

① Gavin Kitching, *Karl Marx and the Philosophy of Praxis*, London and New York: Routledge, 1988, p. 26.

历史过程与历史进步的基本看法。年轻的马克思几乎同所有的左派黑格尔主义者一样，接受了黑格尔关于人的解放的观点，即人类解放就在于人类获得对自身、自然或者作为一个整体的世界的完全理解和完全掌控。然而，马克思也同费尔巴哈一样，反对将人的解放局限在思想或理性领域，即只发生在"精神王国"里。对于马克思而言，由于人被奴役是人类活动的产物，因此人的解放也需要对人的活动做出根本性改变。此外，马克思还超越了费尔巴哈和其他左派黑格尔主义者的观点，提出人类社会也应做出根本性改变。

（二）马克思哲学中的"客观化"和"异化"

"客观化"和"异化"这两个术语是马克思从黑格尔那里借鉴来的，但是他对它们的使用是截然不同于黑格尔的。在黑格尔那里，客观化和异化是"理念"状态，被认为是"精神"的产物，是精神在历史中自我发展的形式或阶段。而马克思和费尔巴哈则把客观化和异化看作人类活动的产物。人类在将其活动和创造不断客观化于世界的过程中，人类也异化了自身。

因此马克思在《1844 年经济学哲学手稿》中将"异化劳动"描述为：

> 那么，劳动的外化表现在什么地方呢？首先，劳动对工人来说是**外在的东西**，也就是说，不属于他的本质；因此，他在自己的劳动中不是肯定自己，而是否定自己，不是感到幸福，而是感到不幸，不是自由地发挥自己的体力和智力，而是使自己的肉体受折磨、精神遭摧残。因此，工人只有在劳动之外才感到自在，而在劳

动中则感到不自在，他在不劳动时觉得舒畅，而在劳动时就觉得不舒畅。因此，他的劳动不是自愿的劳动，而是被迫的**强制劳动**。因此，这种劳动不是满足一种需要，而只是满足劳动以外的那些需要的一种**手段**。劳动的异己性完全表现在：只要肉体的强制或其他强制一停止，人们就会像逃避瘟疫那样逃避劳动。外在的劳动，人在其中是自己外化的劳动，是一种自我牺牲、自我折磨的劳动。最后，对工人来说，劳动的外在性表现在：这种劳动不是他自己的，而是别人的；劳动不属于他；他在劳动中也不属于他自己，而是属于别人。在宗教中，人的幻想、人的头脑和人的心灵的自主活动对个人发生作用不取决于他人，就是说，是作为某种异己的活动，神灵的或魔鬼的活动发生作用，同样，工人的活动也不是他的自主活动。他的活动属于别人，这种活动是他自身的丧失……①

通过实践创造**对象世界**，**改造**无机界，人证明自己是有意识的类存在物，就是说是这样一种存在物，它把类看做自己的本质，或者说把自身看做类存在物。诚然，动物也生产。动物为自己营造巢穴或住所，如蜜蜂、海狸、蚂蚁等。但是，动物只……在直接的肉体需要的支配下生产，而人甚至不受肉体需要的影响也进行生产，并且只有不受这种需要的影响才进行真正的生产；动物只生产自身，而人在生产整个自然界；动物的产品直接属于它的肉体，而人则自由的面对自己的产品。动物只是按照它所属的那个种的尺度和需要来构造，而人却懂得按照任何一个种的尺度来进行生产，并且

---

① 《马克思恩格斯文集》第 1 卷，159—160 页，北京，人民出版社，2009。

懂得处处都把固有的尺度运用于对象；因此，人也按照美的规律来构造。

因此，正是在改造对象世界的过程中，人才真正地证明自己是**类存在物**。这种生产是人的能动的类生活。通过这种生产，自然界才表现为**他的**作品和他的现实。因此，劳动的对象是**人的类生活的对象化**：人不仅像在意识中那样在精神上使自己二重化，而且能动地、现实地使自己二重化，从而在他所创造的世界中直观自身。因此，异化劳动从人那里夺去了他的生产对象，也就从人那里夺去了他的**类生活**，即他的现实的类对象性，把人对动物所具有的优点变成缺点，因为人的无机的身体即自然被夺走了。

同样，异化劳动把自主活动、自由活动贬低为手段，也就把人的类生活变成维持人的肉体生存的手段……

这样一来，异化劳动导致：……**人的类本质**，无论是自然界，还是人的精神的类能力，都变成了对人来说是**异己的**本质，变成了维持他的**个人生存的手段**。异化劳动使人自己的身体同人相异化，同样也使在人之外的自然界同人相异化，使他的精神本质、他的**人的**本质同人相异化。……人同自己的劳动产品、自己的生命活动、自己的类本质相异化的直接结果就是**人同人相异化**。当人同自身相对立的时候，他也同**他**人相对立。凡是适用于人对自己的劳动、对自己的劳动产品和对自身关系的东西，也都适用于人对他人，对他人的劳动和劳动对象的关系。

总之，人的类本质同人相异化这一命题，说的是一个人同他人相异化，以及他们中的每个人都同人的本质相异化。①

从上述引文可以看出，马克思认为，人之所以为人以及人之所以是
"类存在"，这些全都取决于他们能动的创造性活动。对于马克思而言，
人类的本质是通过这种能动的创造性活动改变无机界以及自身。而且，
由于这种能动的创造性活动就是人类的本性，本性驱使人类去创造，因
此尽管人类同其他动物一样，需要为了获得基本的生计、为了生存而去
劳动，但人类不同于其他动物，他们会在其基本物质需求已经得到满足
的情况下继续去从事生产和创造活动。正如马克思所说的，"人甚至不
受肉体需要的影响也进行生产，并且只有不受这种需要的影响才进行真
正的生产"②。摆脱物质压力后，人类将不仅生产有用的东西，而且生
产那些美的东西，满足人类审美标准的东西。马克思认为，只有人类才
具有审美标准，美和丑的概念是人类通过其活动创造出的事物自身的一
部分。

因此，科琴指出，马克思在其早期哲学手稿中提到"生产"时，他并
不是单纯指代对物质客体的生产，还包括对观念、社会机构和社会价值
观以及语言的创造生产。马克思认为，在私有制社会中，这种创造性的
活动出现了异化，人能动的创造性本质未能充分发挥出来。这主要表现
为：人们被迫为了生存而工作，而不是生活就是在创造；人类活动的产
物并不属于其生产者，而是属于生产者以外的人；人与人之间是竞争的

---

① 《马克思恩格斯文集》第 1 卷，162—164 页，北京，人民出版社，2009。
② 同上书，162 页。

关系，而不是彼此协作的关系。马克思通过对 19 世纪 40 年代西欧私有制社会的观察发现，人类这种能动的类存在几乎都沦为了赤贫的雇佣劳动者，他们被迫将其创造力投入枯燥乏味且严重超出自身身体和精神负荷限度的雇佣劳动中去，以此来获得微薄的收入，与此同时，他们给那些占有"生产工具"的人创造了巨大的财富。

　　之后，随着对古典政治经济学的研究以及参与现实中的政治活动，马克思将"私有制"社会明确定义为"资本主义"社会，将被异化的劳动者明确界定为"工人阶级"或"无产阶级"。基于此，马克思指出，共产主义社会将终结异化，它将是一种人类能够自由而全面地主动发挥其创造性的社会形式。这种思想一直贯串于马克思的整个思想发展脉络中。为了说明马克思的思想在这一点上的连贯性，科琴给出了三段引文，其中第一段来自 1846 年的《德意志意识形态》，第二段来自马克思写于 1858 年 1 月的《政治经济学批判》的第四笔记，第三段则来自 1867 年马克思的《资本论》。

　　　　人们用以生产自己的生活资料的方式，首先取决于他们已有的和需要再生产的生活资料本身的特性。这种生产方式不应当只从它是个人肉体存在的再生产这方面加以考察。更确切地说，它是这些个人的一定的活动方式，是他们表现自己生命的一定方式、他们的一定的**生活方式**。个人怎样表现自己的生命，他们自己就是怎样。因此，他们是什么样的，这同他们的生产是一致的——既和他们生产**什么**一致，又和他们**怎样**生产一致。因而，个人是什么样的，这取决于他们进行生产的物质条件。①

劳动能力从过程中出来时不仅没有比它进入时更富，反而更穷了。这是因为，劳动能力不仅把必要劳动的条件作为属于资本的条件创造出来，而且潜藏在劳动力身上的增殖价值的可能性，创造价值的可能性，现在也作为剩余价值，作为剩余产品而存在，总之，作为资本，作为对活劳动能力的统治权，作为赋有自己权力和意志的价值而同处于抽象的、丧失了客观条件的、纯粹主体的贫穷中的劳动能力相对立。劳动能力不仅生产了他人的财富和自身的贫穷，而且还生产了这种作为自我发生关系的财富的财富同作为贫穷的劳动能力之间的关系，而财富在消费这种贫穷时则会获得新的生命力并重新增殖。

这一切都来源于工人用自己的活劳动能力换取一定量对象化劳动的交换；但是，现在这种对象化劳动……表现为**劳动能力本身的产品**，表现为它自身创造出来的东西，既表现为劳动能力自身的客体化，又表现为它自身被客体化为一种不仅不以它本身为转移，而且是统治它，即通过它自身的活动来统治它的权力。

在**剩余资本**中，一切要素都是**他人**劳动的产品，即转化为资本的他人的剩余劳动……②

可见，商品形式的奥秘不过在于：商品形式在人们面前把人们本身劳动的社会性质反映成劳动产品本身的物的性质，反映成这些

---

① 《马克思恩格斯文集》第 1 卷，519—520 页，北京，人民出版社，2009。
② 《马克思恩格斯文集》第 8 卷，101 页，北京，人民出版社，2009。

物的天然的社会属性，从而把生产者同总劳动的社会关系反映成存在于生产者之外的物与物之间的社会关系。由于这种转换，劳动产品成了商品，成了可感觉而又超感觉的物或社会的物。正如一物在视神经中留下的光的印象，不是表现为视神经本身的主观兴奋，而是表现为眼睛外面的物的客观形式。但是在视觉活动中，光确实从一物射到另一物，即从外界对象射入眼睛。这是物理的物之间的一种物理关系。相反，商品形式和它借以得到表现的劳动产品的价值关系，是同劳动产品的物理性质以及由此产生的物的关系完全无关的。这只是人们自己的一定的社会关系，但它在人们面前采取了物与物的关系的虚幻形式。因此，要找一个比喻，我们就得逃到宗教世界的幻境中去。在那里，人脑的产物表现为赋有生命的、彼此发生关系并同人发生关系的独立存在的东西。在商品世界里，人手的产物也是这样。我把这叫做拜物教。劳动产品一旦作为商品来生产，就带上拜物教性质，因此拜物教是同商品生产分不开的。①

关于这些引文，有两点内容需要指出：

第一，在出自《德意志意识形态》的第一段引文中，马克思清楚地表明生产方式并不仅仅是一种"肉体的"或"物质的"生产方式。他指出，生产方式应该是个人"一定的活动方式"，"是他们表现自己生命的一定方式"。因此，在一种给定的生产方式中，人们将生产出"一定形式的"思想、价值和社会机构，并同时生产出"一定形式的"物质生活。在出自

---

① 《马克思恩格斯文集》第 5 卷，89—90 页，北京，人民出版社，2009。

《政治经济学批判》的第二段引文中也可以看到广义上关于生产的概念，即工人不仅生产了"他人的财富"和"自身的贫穷"，也生产了"这种作为自我发生关系的财富的财富同作为贫穷的劳动能力之间的关系"。然而科琴认为，马克思并没有坚持这个更宽泛、更广义的生产概念，而是在古典政治经济学的影响下，把生产的概念局限于一种"肉体的"或"物质的"生产。因此，马克思在其 1859 年的《政治经济学批判》序言中，提出一种构想，即"物质生活的生产方式制约着整个社会生活、政治生活和精神生活的过程"①，这正如他在《哲学的贫困》中所说的，"手推磨产生的是封建主的社会，蒸汽磨产生的是工业资本家的社会"②。这种将生产局限为物质生产的做法让马克思主义遭到了"经济还原论"的质疑。

第二，在来自马克思《资本论》的第三段引文中，马克思提到，商品的"价值关系"并不是通过感觉可以被认识的。由于商品固然是物质产品，因此商品的生产、交换和使用的物质过程是可以通过感觉被认识的。然而，马克思又提到，作为商品的社会属性的"价值关系"是不能通过感觉被认识的。这就引发了这样一个问题，即如果不是通过感觉被认识，那么价值关系是如何被认识的呢？

综上所述，马克思对黑格尔客观化和异化概念的"唯物主义改造"是费尔巴哈对青年马克思最重要的影响结果之一。因为费尔巴哈只是重申经验主义哲学（"感觉表象"）是一种对黑格尔的黑格尔主义批判。费尔巴哈认为黑格尔把历史进程的主体归为人类精神的范畴，然而这些只是实

---

① 《马克思恩格斯文集》第 2 卷，591 页，北京，人民出版社，2009。
② 《马克思恩格斯文集》第 1 卷，602 页，北京，人民出版社，2009。

在的人类主体思考而产生的客体。当马克思接受费尔巴哈对黑格尔的唯物主义倒置时，他并未止步于此。在 1845 至 1846 年的哲学著述中，马克思都拒绝把"思想"从"生活"中分离出去。科琴认为，马克思的"实践哲学"正是形成于这一时期。科琴甚至表明，"在我看来，自 19 世纪 40 年代以来，实践这个概念就是马克思主义全部思想的核心"①。

二、实践哲学的本质

科琴已经明确提出，1845 年至 1846 年，马克思已经建立起了他的实践哲学，"在这种哲学中，马克思既拒绝从思想中派生出生活（像黑格尔那样），也拒绝从生活中派生出思想（像洛克和费尔巴哈那样）。对马克思来说，使人类区别于任何别的有生命的物种的是他们自觉能动活动的能力——他称之为实行或实践——他用这个概念既包括思想也包括生活"②。按照科琴的理解，马克思追求的是一种关于世界的哲学、历史和社会经济的视野的整合，他构造了一个庞大、完美、逻辑严密和"科学"的思想体系；而实践哲学则为这一体系提供了导引思路，并构成对马克思思想中最深刻的力量或存在最严重缺陷的解释。

科琴指出，实践概念在马克思整个思想体系中处于核心地位，然而即使在今天，大多数马克思主义者对实践概念的丰富内涵仍存在低估和

---

① Gavin Kitching，*Karl Marx and the Philosophy of Praxis*，London and New York：Routledge，1988，p. 26.

② Ibid.，p. 26.

误解的情况。科琴认为，由于种种原因，当代西方马克思主义研究出现了一些违背马克思思想的现象；特别是随着学院化倾向的不断加剧，马克思主义的重要性或意义被降低到仅仅是关于其理论自身真或假的问题。而对于理论之意义这一逻辑在先问题的忽略，则最终导致产生了一种枯燥的形式主义，且其经常与一种同样枯燥的实证主义联系在一起。当代许多马克思主义者也开始倾向于认同，"人的思维是否具有客观真理性"是一个纯粹的"理论问题"，并且能够证明马克思主义的优越性是由于它能比任何其他理论更好地"解释"事实，以及它比任何其他理论都更为逻辑一致。

科琴一针见血地指出，一旦提出"纯粹经院哲学的问题"，那么最终得到的就肯定是"纯粹经院哲学的答案"。"对实践哲学的背离，是马克思主义学院化的首要结果或表现。"①这样，在一种莫大的历史讽刺中，马克思主义不仅失去了其政治敏锐力，而且更为根本的是失去了它的哲学灵魂和力量。为了改变这一状况，科琴呼吁，必须重新确立实践哲学在马克思主义思想体系中的核心地位以及重要意义，即实践哲学提供了一种深远的认识论和人类学的洞察力——"实践哲学的洞察力"，这种洞察力能够将马克思主义从经院哲学的枯燥中挽救出来。

在《卡尔·马克思和实践哲学》一书中，科琴专门讨论了实践哲学的形成过程。他认为，代表着马克思主要知识成就的实践哲学是出自对黑格尔唯心主义和费尔巴哈唯物主义的综合，而对客观化和异化概念的

---

① Gavin Kitching, *Karl Marx and the Philosophy of Praxis*, London and New York: Routledge, 1988, p. 35.

"唯物主义改造"则是实践哲学的起点。在科琴看来，马克思对黑格尔的客观化和异化概念的"唯物主义改造"，是费尔巴哈对青年马克思产生影响的最重要结果之一。因为从根本上讲，费尔巴哈仅仅把经验主义（"感觉表象"）哲学重新表述为一种对黑格尔的黑格尔主义式批判。在费尔巴哈看来，黑格尔把历史过程的原因归结为人类精神的范畴（简单性、复杂性、普遍性、特殊性、公众、私人），这些仅仅是对现实的、物质的人类主体的思考所产生的结果。在马克思接受了费尔巴哈对黑格尔的唯心主义倒置的同时，他又坚决地拒绝了"思想"与"生活"的分离。也就是说，马克思接受了黑格尔的观点，即人的解放在于人类获得对自身作为一个整体的自然，以及对世界的完全理解与统治，但他反对将这种解放局限于思想或理性的王国。对马克思而言，客观化和异化是人类活动的产物，既然人的被奴役是自身活动的产物，那么人的解放就要求人的活动的根本性改变，这包括人类社会的根本性改变（科琴强调，在这里马克思开始脱离费尔巴哈和黑格尔左派）。因此，马克思把实际地思想、行动的人类主体重新引入黑格尔的历史哲学中，并坚持了黑格尔关于历史过程与历史进步的基本思想。

通过把客观化和异化转化为人类的活动，马克思认识到，人类区别于任何其他有生命的物种的地方就在于人类自觉能动的活动，实践就是人类的本质。首先，通过这种自觉能动的活动，自然界才表现为人类的作品和现实，而且人类在改变自然界的同时也在改变着他们自身的自然；其次，通过这种创造性的实践活动改造对象世界，人才摆脱肉体需要开始"真正地生产"，人才真正证明自身是有意识的类存在物；最后，劳动是人的类生活的对象化，人不仅在意识、精神中使自己二重化，而且能动地、现实地使自己二重化，从而在人类所创造的世界中直观自身。

科琴特别强调，当马克思在《1844 年经济学哲学手稿》中提到"生产"的时候，他并不仅仅指物质生产或物质客体的生产，"对马克思来说，人类的本质在于他是客观物质过程的生产者，同时也是思想、社会机构、价值和语言的能动的生产者"①。这种理解绝对是必需的。对马克思而言，人类的本质就在于他是客观物质过程的能动的生产者。所以，马克思会认为人类生产了其他一些事物：语言、家庭、政府、美、丑、真理、谬误、正义、非正义、房子、公路、音乐、电……人类的这种生产能力使马克思感到惊异。但是在"私有财产"社会中，这种创造性活动采用了异化的形式：第一，人们不得不为了生存而工作，而不是为了创造而生活；第二，劳动产品不属于它们的生产者，而是属于其他人；第三，人们被迫去相互竞争，而不是为了彼此而工作。总之，在马克思所看到的 19 世纪 40 年代西欧的"私有财产"社会中，人类这一能动的类存在，基本上陷于赤贫的雇佣劳动者的地位，他们被迫把创造性投入单调的、令人厌烦的、经常是损伤肉体和精神的雇佣劳动中，以获得微薄的收入，为占有"生产工具"的其他人创造财富。

尽管在后期的思想发展中，由于受古典政治经济学的研究和自身政治活动的影响，马克思将异化劳动社会变成了"资本主义"，而不再仅仅是"私有财产"社会，将异化劳动者变为"工人阶级"或"无产阶级"，而不

---

① Gavin Kitching，*Karl Marx and the Philosophy of Praxis*，London and New York：Routledge，1988，p. 21.

再是一般的所有人，但他思想的实质却并未发生改变。因此，马克思眼中的共产主义社会将是这样一种社会形态：异化将被终结，人类以一种积极的方式自由而充分地发挥他们的创造性。

在对马克思实践观的哲学构造进行了深入分析后，科琴不无深意地指出，马克思在 1845 年《关于费尔巴哈的提纲》中认为，黑格尔的唯心主义和费尔巴哈的唯物主义犯了同一个错误，即它们似乎都把人类看作仅仅是"思想的创造者"。就黑格尔来说，他采用了理性的范畴，认为所有人都拥有这些范畴并将其作为历史的最初原动力；就费尔巴哈来说，一种关于接受感觉表象的大脑的解释被认为是对人类如何思想的充分说明。因此，这两种哲学都是不充分的，因为人类并不仅仅是思想着的创造者，而且还是行动着的创造者。由于思想是能动的创造性实践活动的一个必不可少的组成部分，因此，马克思所强调的是一种人类的总体性实践。

科琴指出，人类能够做各种各样的事情（跑、跳、建造、破坏、斗争、谈判、制造、修理、爱、恨等），思想只是其中之一。或者用一种更好的方式来表达，思想是人类做所有事情的一个必不可少的部分且思想与这些事情密切关联。总之，思想是能动地生活、能动的目的性创造实践所必不可少的组成部分。实际上，正是思想的出现使人的活动成为一种行动，而不是（例如）一种反射性的回应。科琴举例来说明这一点：使伸出某人的左手成为一个"左转信号"而不是一种神经抽搐的，是（a）做出这样举动时所处的环境（例如当一个人正在骑自行车，接近交叉路口）和（b）做出这样举动所借助的思想或注意力。科琴引用马克思在《资本论》中的例子来说明这一点："蜘蛛的活动与织工的活动相似，蜜蜂建筑蜂房的本领使人间的许多建筑师感到惭愧。但是，最蹩脚的建筑师从一开始就比最灵巧的蜜蜂高明的地方，是他在用蜂蜡建筑蜂房以前，已经在自己的头脑中把它建成了。劳动过程结束时得到的结果，在这个过程开始时就已经在劳动者的表象中存在着，即已经观念地存在着。他不仅使自然物发生形式变化，同时他还在自然物中实现自己的目的，这个目的是他所知道的，是作为规律决定着他的活动的方式和方法的，他必须使他的意志服从这个目的。"①

在科琴看来，如果马克思必须选择一个关于人类的本质概念，那么它必将是"行动的创造者"而非"思想的创造者"，这也是避免黑格尔唯心主义和费尔巴哈唯物主义的一种方式。因为，根据马克思的观点，思想与世界、现实通过人类活动、实践"已经"并且"总是"联系在一起了；反过来说，正是对思想和从人类活动、实践中抽象出来的思想的沉思，造成了几乎所有的哲学难题。对于马克思这样一种总体性实践观，科琴给予了高度评价，他认为这代表了马克思的主要知识成就；但同时，他也不无遗憾地指出，马克思并没有在后期著作中充分利用这一知识成就，甚至实际上在某些方面还有所倒退。

紧接着，科琴再次用马克思的语言来证明这种观点，即《关于费尔巴哈的提纲》的第一、第二、第八条：

从前的一切唯物主义（包括费尔巴哈的唯物主义）的主要缺点是：对对象、现实、感性，只是从**客体**的**或者直观**的形式去理解，而不是把它们当做**感性的人的活动**，当做**实践**去理解，不是从主体

———————————
① 马克思：《资本论》第 1 卷，202 页，北京，人民出版社，1975。

方面去理解。因此，和唯物主义相反，唯心主义却把**能动的**方面抽象地发展了，当然，唯心主义是不知道现实的、感性的活动本身的。费尔巴哈想要研究跟思想客体确实不同的感性客体，但是他没有把人的活动本身理解为**对象性的**活动。①

人的思维是否具有客观的真理性，这不是一个理论的问题，而是一个**实践**的问题。人应该在实践中证明自己思维的真理性，即自己思维的现实性和力量，自己思维的此岸性。关于思维——离开实践的思维——的现实性或非现实性的争论，是一个纯粹**经院哲学的**问题。②

全部社会生活在本质上是**实践的**。凡是把理论引向神秘主义的神秘东西，都能在人的实践中以及对这种实践的理解中得到合理的解决。③

关于这三条提纲，科琴提出了三点看法：

第一，当马克思在第一条中说"感性客体"时，他是指"感官客体"或"通过感官被认识的客体"。

第二，当马克思说"人类活动作为……一种客观的活动"时，他是指"一种直接地指向客体的活动"。换言之，马克思在此是说费尔巴哈把人对客体的感觉看作一种被动的或沉思的过程，而不是一个能动的过程。但是对马克思来说，像费尔巴哈那样想象"感觉客体"是没有任何意义的，似乎它们在现实中仅仅是"在那里"；相反，仅当人类能动地把它们作为有目

① 《马克思恩格斯文集》第 1 卷，499 页，北京，人民出版社，2009。
② 同上书，500 页。
③ 同上书，501 页。

的的生活的一部分时，它们才成为"感觉客体"，被人类认识的客体。

第三，应当注意在第二条和第八条提纲中，当马克思把"客观真理"看作一个"实践问题"，把"社会生活"看作"本质上是实践的"时，他并不是天真地把"实践的"和"理论的"相并列，也不是把"实践活动"和"不切实际的"思想相并列，而是在强调所有人类思想都无法摆脱成为人类活动的一部分。在马克思的思想中，"思想"与"世界"、"思想"与"现实"通过人类活动"已经"或"总是"联系在一起了。可以说，正是人类活动把思想与世界"联结"起来。反过来说，正是对"思想"和从实践、活动中抽象出来的"思想"的沉思，造成了几乎所有的哲学难题。

通过以上论述，科琴引入了《关于费尔巴哈的提纲》中最著名也是最后一条："哲学家们只是用不同的方式**解释**世界，问题在于**改变**世界。"①马克思在里对"哲学家们"的指责，并不是因为他们解释世界，而是因为他们只解释世界。马克思认为，解释世界本身只是世界上多样活动的一种，关键在于有意识地把关于世界的解释与认识和改造世界的活动联系起来。因此他在《资本论》中开始实践这种意义上的解释活动。

三、对马克思实践哲学的质疑

科琴指出："当我认为马克思创立的可以被称为'行动的唯物主义'，一种实践哲学，出自对黑格尔的唯心主义和费尔巴哈的唯物主义的综

---

① 《马克思恩格斯文集》第 1 卷，502 页，北京，人民出版社，2009。

合，确实体现了一种较重要的理性成就时，我同时认为马克思并没有在他后期著作中充分利用这一成就。实际上在某些方面他确实在从它倒退。"①

　　首先，马克思已经发现他显然忽视了实践哲学的某些含义。如果关于世界的思想不可避免地是世界上实践活动的一部分，这就表明在一个复杂的社会中，存在复杂的社会结构和劳动分工，这就可能会产生许多各不相同的对世界的解释，它们构成了许多各不相同的实践活动的组成部分。"生活在不同地方、居住在各类房屋、有不同程度的教育状况、有不同种类的邻居和工作的人们，可能会有不同的对世界的解释，或者至少是在很多重要方面的不同解释。"②就马克思而言，他在后期的著作中显然忽视了自己早期的总体性实践观，特别是他开始专门关注社会中阶级实践的区分，几乎把所有其他的社会划分排除在外。科琴指出，这种对阶级划分的关注并不是实践哲学所必须包含的。出现这种情况可能有两个原因：一是古典政治经济学对马克思后期社会思想的影响；二是马克思投身于一种特定的政治实践而把所有其他的社会实践排除在外。他举例说，黑人与白人、男人与女人的不同生活经历，在一定的社会环境中也许对社会意识的形成比阶级区分更为重要。至少，这是一个有待研究的经验主义问题，但后期马克思却过于倾向这一点，而且没有用研究来代替假定。

　　其次，在马克思的后期著作中，特别是他关于政治经济学的著作

---

① Gavin Kitching, *Karl Marx and the Philosophy of Praxis*, London and New York：Routledge，1988，p. 31.

② Ibid.，p. 31.

中，我们很容易发现他所采取的内在哲学立场与其早期实践哲学的立场不一致。特别是在《资本论》中，马克思采取一种科学的立场，他期望通过采用科学或学术著作的一般标准来证明自己所提出理论的正确性。科琴认为，这些标准可以包括逻辑的一致性、被经验证据所证实或证伪、前提与结论的合理性，等等。但是，科琴也强调："这种趋向于科学的与马克思早期哲学的连贯性存在于这样的事实，即当这些标准可以证明一种理论的真或假时，它们不能证明它的重要性。相反，实践哲学主要是关于重要性或意义，它表明一种科学的理论是有意义的，如果它的真或假对外在于它的人的实践或活动有一些影响的话。"①在他看来，要证明一种理论是否有意义，应当首先关注这样一些问题：这种理论是出于什么目的而提出的？通过这种理论会达成什么样的结果？这种理论是什么？人们打算用它做什么？因此，对于"一种理论的真或假"的逻辑在先的问题是"在决定它的真或假时什么是关系重大的"，或者说，一种理论的真或假会给世界带来什么不同。因为，如果理论的真假对理论之外的事物没有任何影响的话，那么这个理论是真还是假就没有任何意义了，我们也没必要运用理性去认识这个理论了。就马克思的经济理论来说，它的目标是清楚的：表明"资本积累仅仅通过对工人阶级的剥削才发生"。如果"资本积累仅仅通过对工人阶级的剥削才发生"是真的，那么对于世界上的其他实践和活动来说，就会有许多含义，例如，指向哪个阶级并通过哪个阶级的政治实践而发生。

---

① Gavin Kitching, *Karl Marx and the Philosophy of Praxis*, London and New York: Routledge, 1988, p. 35.

但是，科琴认为，马克思在他后期的政治经济学和政治斗争的思想中，倾向于认为这种哲学立场"背景"是理所当然的，未加论述就依赖于此"背景"，转而关注证明自己理论的真，因此对诸如此类的主题给予了更多关注：《资本论》所构成的概念的本质，在命题中被使用的概念的逻辑一致性，与资本主义的经验证据相关的理论的解释力和描述力，等等。在科琴看来，这些主题对于证明马克思经济理论的真或假是绝对重要的，"但不幸的是，许多后代马克思主义者们开始认为，它们只是马克思主义所有重要性当中哲学或认识论的主题，马克思主义的意义和真理性唯一地依赖于它所被宣称的比任何别的理论更好的解释或描述世界的能力"①。于是，不去追问一种理论的意义这个逻辑在先的问题（它的真或假对于世界上其他实践活动的含义），其最终结果就是导致了一种枯燥的形式主义。他断言："把马克思主义的重要性或意义降低到仅仅是关于它的真或假的问题，马克思主义者们对实践哲学的背离，是马克思主义学院化自身的首要结果或表现。"②

---

① Gavin Kitching, *Karl Marx and the Philosophy of Praxis*, London and New York: Routledge, 1988, p. 34.

② Ibid., p. 35.

第三章 | 社会历史发展的本性

　　马克思主义是一个基于世界视角的将哲学、历史和社会经济整合在一体的思想体系。马克思主义的历史理论体现了社会历史发展的本性。但一直以来，围绕马克思主义历史理论都存在一些争议。举例来说，在为《政治经济学批判》第 1 分册所写的序言即《〈政治经济学批判〉序言》中，马克思指出："人们在自己生活的社会生产中发生一定的、必然的、不以他们的意志为转移的关系，即同他们的物质生产力的一定发展阶段相适合的生产关系。这些生产关系的总和构成社会的经济结构，即有法律的和政治的上层建筑竖立其上并有一定的社会意识形式与之相适应的现实基础。物质生活的生产方式制约着整个社会生活、政治生活和精神生活的过程。不是人们的意识决定人们的存在，相反，是人们的社会存在决定人们的意识。社会的物质生产力发展到一定阶段，便同它们一直在其中运动的现存生产关系或财产关系（这只是生产关系的法律用语）发生矛盾。于是这些关系便由生产力的发展形式变成生产力的桎梏。那时社会革命的时代就到来了。随着经济基础的变更，全部庞大的上层建筑也或慢或快地发生变革。"①科琴认为，这段话曾经并将继续被无休止地争论，这种争论主要集中在三个问题上：

第一，这段话是否表明马克思是某种"决定论"的思想家，如果是，它表明马克思是何种决定论者？

第二，马克思在此概括的历史运动的机制——"生产关系"成为"生产力"的桎梏并导致一场"社会革命"——是否意味着一种历史发展的"规律"？

与这两个问题密切相关的第三个问题是：马克思在这段话中通过最重要的术语明确所指是什么？他通过"生产方式"（物质生活的方式）所指的是什么？他通过"生产力"所指的是什么？他通过作为宗教和政治的"上层建筑"之基础的社会"经济结构"所指的是什么？等等。

科琴围绕这些争议，展开了马克思主义不是历史决定论的论证。

一、规律与历史决定论

首先，科琴为我们提供了 10 段引文：

---

① 《马克思恩格斯文集》第 2 卷，591—592 页，北京，人民出版社，2009。

1."问题本身并不在于资本主义生产的自然规律所引起的社会对抗的发展程度的高低。问题在于这些规律本身，在于这些以铁的必然性发生作用并且正在实现的趋势。工业较发达的国家向工业较不发达的国家所显示的，只是后者未来的景象。"①

2."一个社会即使探索到了本身运动的自然规律，——本书的最终目的就是揭示现代社会的经济运动规律——，它还是既不能跳过也不能用法令取消自然的发展阶段。但是它能缩短和减轻分娩的痛苦。"②

3."无论是发现现代社会中有阶级存在或发现各阶级间的斗争，都不是我的功劳。在我以前很久，资产阶级历史编纂学家就已经叙述过阶级斗争的历史发展，资产阶级经济学家也已经对各个阶级作过经济上的分析。我所加上的新内容就是证明了下列几点：（1）**阶级的存在**仅仅同**生产发展的一定历史阶段**相联系；（2）阶级斗争必然导致**无产阶级专政**；（3）这个专政不过是达到**消灭一切阶级**和进入**无阶级社会**的过渡……"③

4."问题不在于某个无产者或者甚至整个无产阶级暂时**提出**什么样的目标，问题在于**无产阶级究竟是什么**，无产阶级由于其**身为无产阶级**而不得不在历史上有什么作为。它的目标和它的历史使命已经在它自己的生活状况和现代资产阶级社会的整个组织中明显

---

① 《马克思恩格斯文集》第 5 卷，8 页，北京，人民出版社，2009。
② 同上书，9 页。
③ 《马克思恩格斯文集》第 10 卷，106 页，北京，人民出版社，2009。

地、无可更改地预示出来了。"①

5."至今一切社会的历史都是阶级斗争的历史。自由民和奴隶、贵族和平民、领主和农奴、行会师傅和帮工，一句话，压迫者和被压迫者，始终处于相互对立的地位，进行不断的、有时隐蔽有时公开的斗争，而每一次斗争的结局都是整个社会受到革命改造或者斗争的各阶级同归于尽。"②

6."历史不外是各个世代的依次交替。每一世代都利用以前各代遗留下来的材料、资金和生产力；由于这个缘故，每一代一方面在完全改变了的环境下继续从事所继承的活动，另一方面又通过完全改变了的活动来变更旧的环境。然而，事情被思辨地扭曲成这样：好像后期历史是前期历史的目的，例如，好像美洲的发现的根本目的就是要促使法国大革命的爆发。于是历史便具有了自己特殊的目的并成为某个与'其他人物'（像'自我意识'、'批判'、'唯一者'等等）'并列的人物'。其实，前期历史的'使命'、'目的'、'萌芽'、'观念'等词所表示的东西，终究不过是从后期历史中得出的抽象，不过是从前期历史对后期历史发生的积极影响中得出的抽象。"③

7."**历史什么事情**也没有做，它'不拥有**任何**惊人的丰富性'，它'没有进行**任何**战斗！'其实，正是**人**，现实的、活生生的人在创造这一切，拥有这一切并且进行战斗。并不是'历史'把人当做手段

---

① 《马克思恩格斯文集》第 1 卷，262 页，北京，人民出版社，2009。
② 《马克思恩格斯文集》第 2 卷，31 页，北京，人民出版社，2009。
③ 《马克思恩格斯文集》第 1 卷，540 页，北京，人民出版社，2009。

来达到**自己**——仿佛历史是一个独具魅力的人——的目的。历史**不过是**追求着自己目的的人的活动而已。"①

8．"人们自己创造自己的历史，但是他们并不是随心所欲第创造，并不是在他们自己选定的条件下创造，而是在直接碰到的、既定的、从过去承继下来的条件下创造。"②

9．"这里不必再补充说，人们不能自由选择**自己的生产力**——这是他们的全部历史的基础，因为任何生产力都是一种既得的力量，是以往的活动的产物。可见，生产力是人们应用能力的结果，但是这种能力本身决定于人们所处的条件，决定于先前已经获得的生产力，决定于在他们以前已经存在、不是由他们创立而是由前一代人创立的社会形式。后来的每一代人都得到前一代人已经取得的生产力并当做原料来为自己新的生产服务，由于这一简单的事实，就形成人们的历史中的联系，就形成人类的历史，这个历史随着人们的生产力以及人们的社会关系的愈益发展而愈益成为人类的历史。由此就必然得出一个结论：人们的社会历史始终只是他们的个体发展的历史，而不管他们是否意识到这一点。他们的物质关系形成他们的一切关系的基础。这种物质关系不过是他们的物质的和个体的活动所借以实现的必然形式罢了。"③

10．"根据唯物史观，历史过程中的决定性因素**归根到底**是现实生活的生产和再生产。无论马克思或我都从来没有肯定过比这更多

---

① 《马克思恩格斯文集》第 1 卷，295 页，北京，人民出版社，2009。

② 《马克思恩格斯文集》第 2 卷，470—471 页，北京，人民出版社，2009。

③ 《马克思恩格斯文集》第 10 卷，43 页，北京，人民出版社，2009。

的东西。如果有人在这里加以歪曲，说经济因素是**唯一**决定性的因素，那么他就是把这个命题变成毫无内容的、抽象的、荒诞无稽的空话。经济状况是基础，但是对历史斗争的进程发生影响并且在许多情况下主要是决定着这一斗争的**形式**的，还有上层建筑的各种因素：阶级斗争的各种政治形式及其成果——由胜利了的阶级在获胜以后确立的宪法等等，各种法的形式以及所有这些实际斗争在参加者头脑中的反映，政治的、法律的和哲学的理论，宗教的观点以及它们向教义体系的进一步发展。这里表现出这一切因素间的相互作用，而在这种相互作用中归根到底是经济运动作为必然的东西通过无穷无尽的偶然事件（即这样一些事物和事变，它们的内部联系是如此疏远或者如此难于确定，以致我们可以认为这种联系并不存在，忘掉这种联系）向前发展。否则把理论应用于任何历史时期，就会比解一个简单的一次方程式更容易了。

我们自己创造着我们的历史，但是第一，我们是在十分确定的前提和条件下创造的。其中经济的前提和条件归根到底是决定性过的。但是政治等等的前提和条件，甚至那些萦回于人们头脑中的传统，也起着一定的作用，虽然不是决定性的作用。"①

科琴指出，从这些引文中我们可以看到，马克思提出了一种非常不同但看起来似乎有些矛盾的历史观。通过关注一组引文（从1到4），我们很容易发现证据以支持马克思是一个历史决定论者的主张，而其他引

————————

① 《马克思恩格斯文集》第10卷，591—592页，北京，人民出版社，2009。

文(6、7 和 8)又可以使他免于这种指责。引文 5 和 9 采取了一种"中间道路"的立场，因此可以按照任何一种方式来理解。最后，出自恩格斯的引文 10 试图为马克思去世之后的下一代马克思主义者澄清这个问题，但似乎仅仅是增加了更多的困扰。因为恩格斯一方面强调经济的、政治的和宗教的因素在影响历史进程中的"相互作用"，另一方面他又坚持"经济的前提和条件归根到底是决定性的"。

但是，在科琴看来，把秩序引入这种表面的混乱是可能的，因为这些引文出自马克思一生中各个不同的时期，是从非常不同的语境中抽取出来的。一旦我们理解了这些语境，一些明显的矛盾就会消失。比如，最明显的"决定论的"引文 1 和 2 出自《资本论》第一版序言。不论从这里的语境还是从第二版(1873)序言看，都是非常清楚的，即马克思在这些引文中所指的"规律"被认为仅仅在资本主义这种特定的"生产方式"中起作用。因此，在这种语境中的"规律"并非意味着造成了在不同生产方式之间的长期的历史转换。实际上在 1873 年《资本论》的序言中，马克思赞同性地引用了一位 1867 年版本的评论者(伊·伊·考夫曼)的话。考夫曼曾经强调，在马克思看来，"每个历史时期都有它自己的规律"。马克思继续充分地引用了这种评论，因为他觉得考夫曼显然很好地抓住了自己的观点："一旦生活经过了一定的发展时期，由一定阶段进入另一阶段时，它就开始受另外的规律支配。总之，经济生活呈现出的现象和生物学的其他领域的发展史颇相类似……旧经济学家不懂得经济规律的性质，他们把经济规律同物理学定律和化学定律相比拟……对现象所作的更深刻的分析证明，各种社会有机体像动植物有机体一样，彼此根本不同……由于这些机体的整个结构不同，它们的各个器官有差别，以及器官借以发生作用的条件不一样等等，同一个现象就受完全不同的规律的支配。例如，马克思否认人口规律在任何时候在任何地方都是一样的。相反地，他断言每个发展阶段有它自己的人口规律……"①马克思在此似乎是要表明，既然每一种独特的生产方式受到不同规律的支配，那么方式之间的转换就可能是不受规律限制的。

科琴进而认为，1859 年序言旨在提供一种较高度的抽象和比一般的公式化更为精细严密的历史关联：其一，西欧封建主义向资本主义的转换；其二，被预言的同样是西欧资本主义向社会主义和共产主义的转换。因此，1859 年序言并没有提出各种方式之间转换的"规律"（即生产关系开始束缚生产力），而且"规律"这个词从未在 1859 年序言中出现过。科琴举例说，在 1877 年《给〈祖国纪事〉杂志编辑部的信》中，马克思曾经说过："他一定要把我关于西欧资本主义起源的历史概述彻底变成一般发展道路的历史哲学理论，一切民族，不管它们所处的历史环境如何，都注定要走这条道路，——以便最后都达到在保证社会劳动生产力极高度发展的同时又保证每个生产者个人最全面的发展的这样一种经济形态。但是我要请他原谅。（他这样做，会给我过多的荣誉，同时也会给我过多的侮辱。）"②在分析了一个古代罗马平民和美国南部各州"白种平民"的实例后，马克思强调："因此，极为相似的事变发生在不同的历史环境中就引起了完全不同的结果。如果把这些演变中的每一个都分别加以研究，然后再把它们加以比较，我们就会很容易地找到理解这种

---

① 《马克思恩格斯文集》第 5 卷，21 页，北京，人民出版社，2009。
② 《马克思恩格斯文集》第 3 卷，466 页，北京，人民出版社，2009。

现象的钥匙；但是，使用一般历史哲学理论这一把万能钥匙，那是永远达不到这种目的的，这种历史哲学理论的最大长处就在于它是超历史的。"①

于是，科琴得出结论，无论以上收集的 10 段最具决定论意味的引文还是 1859 年序言，都不是在处理历史发展的一种"普遍规律"。当然，这个结论并不表明马克思的所有问题得到了解决。因为即使接受他在 1877 年的解释，即他的理论是关注西欧资本主义的起源，仍然存在两个问题：第一，致力于研究西欧封建主义向资本主义转换的很多马克思主义者都无法证明，正是冲破封建主义生产关系束缚的生产力的发展，导致了封建主义转向资本主义；第二，西欧还未曾有过指向社会主义和共产主义的"社会革命"，这样就依然存在一个开放性的问题：(a)是否将会有，或者(b)即便有，它是否将会按照 1859 年序言所预测的方式发生。

在以上 10 段引文中，科琴认为引文 6 和 7 是最"非决定论的"。引文 6 出自 1846 年的《德意志意识形态》，引文 7 则出自 1845 年的《神圣家族》。在这两部著作中，用马克思和恩格斯自己的话说，他们是在对黑格尔和费尔巴哈的哲学进行清算。这种清算部分的是——至少部分的是——抛弃黑格尔"目的论"的历史概念，抛弃历史是具有自身目的或目标的能动主体的观念。正是在这种语境中，马克思在 1845 年至 1846 年的著作中对这种观念进行了最为激进的批判，坚称"历史不过是追求者自己目的的人的活动而已"。在《德意志意识形态》中，马克思对这种"人

---

① 《马克思恩格斯文集》第 3 卷，466 页，北京，人民出版社，2009。

的活动"又做出了修正：不仅指个体的人的活动，而且指发生在世代变迁语境中的活动，这种活动总是发生在由"先前的时代"创造的"旧环境"的语境中。

二、"世代"语境下的历史概念

在科琴看来，"这种在《德意志意识形态》中得到的系统阐述的'世代'的历史概念，对于马克思的整个历史研究，直到他去世依然是核心的"①。他认为在马克思反对蒲鲁东的论战中（1847 年《哲学的贫困》）和关于同样主题的致安年科夫的信件中（引文 9）又一次重申了这一点，也在 1869 年的《路易·波拿巴的雾月十八日》中系统阐述了这一点。同样，恩格斯在 1888 年《路德维希·费尔巴哈和德国古典哲学的终结》中，以及 1890 年为下一代马克思主义者阐明"历史唯物主义"本质的几封信件中，都引用了这段话。正是这幅历史的画卷——作为一个过程，后来的"世代"通过他们自己的个体活动，不仅在加强而且在改变着仅仅是先前世代活动的"环境"——是我们理解马克思的历史理论所必需的。

科琴指出，借助于"世代"的历史概念，有关马克思"决定论"的某些问题会得到解决，因为它具有四个优点：

第一，它允许我们使一种"无非是人的活动"的历史概念——至少在

---

① Gavin Kitching，*Karl Marx and the Philosophy of Praxis*，London and New York：Routledge，1988，p. 44.

某种程度上——与一种概念相一致，它强调对于个体的人或群体的人（包括社会阶级）在历史上任何给定的点上所能做的结构性束缚。借助这幅画卷，我们可以认为正是人类活动，而且仅仅是人类活动，创造了经济的、政治的和社会的"环境"（结构性的束缚），但是个体的人有一个明确的生命期限，远远短于作为一个整体的人类历史。于是，人类以"世代"的形式来来往往于世界，因此在一定世代的任何一个特定的点上，一代人或几代人生来就遇到从先前的"世代"继承而来的"环境"，这将是而且将被感受到是对他们能做什么的真正的约束。

第二，这幅画卷的核心观点是把人作为社会创造物，生活在社会中的创造物，因此它反对这样一种观点，即人生存于一种"空白空间"，在其中他们可以做任何他们个人愿意或想要做的事。正如马克思关于费尔巴哈的提纲第六条中所言："费尔巴哈把宗教的本质归结于**人的**本质。但是，人的本质不是单个人所固有的抽象物，在其现实性上，它是一切社会关系的总和。"①但是同时，通过强调这个世代变化的过程中内在固有的社会变化的可能性，这个概念避免了使人成为现有社会关系的简单的产物和再生产者。如果是那样的话，任何种类的"社会革命"都是不可能的。

然而应当注意到这幅历史画卷并不包含作为社会参与者的人类世代的概念。个体和社会群体，包括社会阶级，所有这些都受到世代变化的支配，才是历史过程这一概念中的参与者。这样，科琴在此不是把"世代"或"世代的变化"描述为马克思历史理论中的"阶级斗争"的某种替代

---

① 《马克思恩格斯文集》第1卷，501页，北京，人民出版社，2009。

物。更确切地说，像个体一样，阶级是受世代的变化所支配的；像所有其他社会过程一样，"阶级斗争"发生在这个变化的语境中，并被其所改善。

第三，集中于世代变化的活动与结构的对立，允许马克思把被改进的黑格尔主义者的"异化"并入他的历史哲学。由于这样一个概念解释了一个特定世代或整个人类世代的产物——无论这些是经济结构，国家形式，科学的、道德的或政治的价值和信仰——实际上是怎样成为它们的产物（个体和社会群体的活动的产物），但是同时（更确切地说是在以后的时间）能够出现"不同的""异化的"现象限制，甚至统治和压迫，继承它们随后世代的个体和社会群体。

科琴认为，实际上通过历史的"世代"概念，"异化"较之黑格尔主义的形式变得更加世俗和更易理解。因为在马克思那里，生产了这些社会关系、制度、价值、信仰的人和以"异化""限制性的"形式经历了它们的人总是相隔几百年（或者在某些情况下，几千年）。在科琴看来，通过使生产和经历了异化的人类成为具体的历史存在物（与年代和政权一起存在），马克思使"异化"成为一个较之在黑格尔那里更加世俗化同时更富解释力的概念。

第四，也许更为重要的是，人类历史的世代概念有助于解决有关马克思的经济决定论的一些疑问。对于解释序言的一种可能的方式就是当作一个必要但非充分条件的声明。也就是说，可以推断马克思在那里所说的并不是当生产力（在西欧封建主义或资本主义中）"与现存生产关系发生斗争时"，就会或将会产生"社会革命"。毋宁认为他是在说不到生产力确实与生产关系"发生斗争"时，就不会出现"社会革命"。换言之，

1859 年序言中真正关键的句子并非在开头所引述的而是在几行之后出现的句子："无论哪一个社会形态，在它所能容纳的全部生产力发挥出来以前，是决不会灭亡的；而新的更高的生产关系，在它的物质存在条件在旧社会的胎胞里成熟以前，是决不会出现的。所以人类始终只提出自己能够解决的任务，因为只要仔细考察就会发现，任务本身，只有在解决它的物质条件已经存在或者至少是在生成过程中的时候，才会产生。"①

在科琴看来，这里的关键点是"社会革命"被认为导致了"新的更高的生产关系"，很显然马克思借此是指一种新的"更高"形式的社会，对所有人来说，较之它所取代的原有社会，它代表着生活品质的一种进步。按照科琴的理解，马克思实际上是在主张如果"所能容纳的全部生产力"还没有"在旧社会的胎胞里"全部发挥出来，那么即使在"旧社会"可能存在政治革命、起义、政变甚至穷人的暴力暴动，这些也不会导致"新的更高的生产关系"。一些马克思主义学者曾分析 1917 年俄国十月革命准确地说是一场政治革命而非社会革命，因为"所能容纳的全部生产力"还没有在俄国的"旧社会"中全部发挥出来。

这样，如果对 1859 年序言的这种独特的解释可以被接受，那么可以看到它完全符合马克思"世代"的历史概念。因为我们可以得出结论，如果生产力"在旧社会的胎胞里"确实发展到最大可能的限度，那么这将会是先前世代的人类活动的结果。在这样一种"完全的"发展产生的时刻，当时现存的个体和社会群体可以借助这个机会发动一场"社会革

---

① 《马克思恩格斯文集》第 2 卷，592 页，北京，人民出版社，2009。

命"，这个机会是由先前世代的工作所提供的。他们可能这样做也可能不这样做，可能成功也可能失败，但是只有在"旧社会"中"所能容纳的全部生产力"已经得到发展时他们才会成功，因为只有在那时他们才会"为自身提出任务"，这些任务是他们能够完成的。

但是这里仍然存在一个条件的问题："革命的"个体和社会群体或者回顾历史的马克思主义历史学家是如何知道"所能容纳的"全部生产力发展成熟的？马克思对此的回答似乎是"如果有一场成功的导致新的更高社会形态的社会革命，它们将充分成熟"，因为对马克思来说，生产力的这样一种发展，是这种成功的一个必要但非充分的条件。

科琴认为，这似乎是一个逻辑上可接受的答案，它不是决定论的（因为它并未断言社会革命将会成功）。实际上，我们可以看到，就将来从资本主义到社会主义的转变而言，这个标准为人们判断生产力是否得到充分的发展（以及许多其他战略的和战术的问题）留下了巨大的空间。

在以上工作的基础上，科琴认为现在可以回答开头提出的三个问题中的前两个了，即（1）1859年序言是不是表明马克思是一个"决定论"的思想家？（2）马克思在序言中所确定的变化机制是不是历史发展的一种普遍"规律"？

科琴对这两个问题的回答很明确：不。

第一，马克思不是一个决定论的思想家。事实上，1859年序言可以被看作提供了历史发展的一种普遍"规律"，这种普遍"规律"确保人类社会将从早期的"原始共产主义"阶段（"日耳曼的"和"亚细亚的"生产方式）转变到后资本主义的社会主义和共产主义这样一个"最终的"阶段。但是，科琴认为它不应该以这种方式被理解，而应被看作提出了有关通过"社会革命"而取得人类进步的一组必要但非充分的条件。

然而，这并不意味着马克思避开了关于经济"规律"的所有谎言，实际上引文 1 和 2 表明他确实是以这样的方式在写作。但是，这些"规律"只意味着仅仅在特定的生产方式中起作用，马克思在他的工作中给予资本主义生产方式的经济规律最大的关注。

第二，因此，1859 年序言并没有断言所有生产方式前后相继的一种普遍规律或变化机制（"生产关系"成为"生产力"的桎梏）。至多这是意指西欧从封建主义到资本主义和从资本主义到社会主义与共产主义的变化。

科琴指出，当我们仔细关注马克思关于前资本主义生产方式的著作时，这点就变得非常清楚了。例如，当他分析西欧从德国的（公社制的）生产方式过渡到封建模式时（在《德意志意识形态》和《政治经济学批判大纲》中），马克思并没有声称在德国方式下生产力有很大的发展，而他关于欧洲之外的"亚细亚的"生产方式的分析却坚称，这种方式本质上是没有活力或死气沉沉的，直到它被外界暴力地瓦解（比如，在印度的英国殖民主义）。这种矛盾在那里不会终止。马克思分析了一个没有封建前例的资本主义的发展事例（在北美）并计划思考直接从原始共产主义过渡到社会主义（在俄国）的可能性。

尽管如此，所有这些矛盾也仅仅如此而已，如果我们设想马克思有一些普遍的历史阶段理论。但是，正如我们已经讨论过的，他没有这样的理论。即使在马克思试图提出的历史阶段理论的程度上，它仅仅是关注西欧和概述了一个被广泛的革命进程联系在一起的德国的——封建的——资本主义的模式序列。但即便这样，这个革命进程会采取何种形式（马克思从未详细地分析过），并非一个简单的借助社会革命冲破生产关系束缚的故事，因为就德国的——封建的转换而言，他从未宣称这会发生。

在科琴看来，事实上对马克思而言真正要紧的，处于他所有工作核心的，是世界上资本主义生产方式的出现，和它（希望是）从世界上的消失。这是因为马克思把最多的关注给予了——实际上仅仅给予了严肃的分析性的关注——从封建主义到资本主义的转换。然而马克思清楚地意识到，一旦资本主义生产方式在西欧出现，它就会通过经济和军事力量（实际上是通过殖民掠夺）在世界上其他地方占据优势。于是，在世界上其他地方它可能或即将打破任何革命性的生产方式序列，这就是先前为何马克思没有设想一种普遍的历史阶段理论是可能的和值得期待的原因。

三、进一步的问题

尽管 1859 年序言已被证明是以非决定论的方式解读的，但其仍受诸多关于其概念含义和命题逻辑方面的质疑。为了理解这种质疑的含义，科琴给出一段引文："社会的物质生产力发展到一定阶段，便同它们一直在其中运动的现存生产关系或财产关系（这只是生产关系的法律用语）发生矛盾。于是这些关系便由生产力的发展形式变成生产力的桎梏。那时社会革命的时代就到来了。随着经济基础的变更，全部庞大的上层建筑也或慢或快地发生变革。"①

　　从逻辑上看，这段遵循了如果"生产力"与"生产关系"发生冲突，那么生产力就必须同变为其"桎梏"的生产关系清楚地区分开来。科琴指出，把"生产力"等同于"技术"就是一种明确的区分方式。这种情况下，生产力将包括工业和农业中的生产技术，以及人们被雇佣来使用这些技术的社会组织。在这种解释中，生产力将不得不包括那些关于如何创造并使用技术的知识以及如何发展技术的知识。这样，生产关系也将包括财产关系，其占有并控制生产力。即使对上面引文做出这样的解释，马克思关于生产力和生产关系的命题仍不能同 1859 年序言中的其他命题保持一致。因为，把科学知识和技术包含到生产力中的解释同序言中所描述的资本主义社会图景是相违背的，在 1859 年序言中，无论生产力还是生产关系（"社会经济结构"）都被认为是清楚地区别于与其相对应的"社会意识形式"。此外，将财产关系纳入生产关系是马克思明确提出的资本主义社会"上层建筑"的一部分。

　　科琴认为，科亨（Cohen）在《卡尔·马克思的历史理论：一个辩护》一书的第二章对这些问题所做的讨论是最严谨的。首先，科亨认为把科学知识包含到生产力中并不存在矛盾，因为对马克思而言"上层建筑"是意识形态而非知识。科亨的这一观点在 1859 年序言中也可以找到类似表述："在考察这些变革时，必须时刻把下面两者区别开来：一种是生产的经济条件方面所发生的物质的、可以用自然科学的精确性指明的变革，一种是人们借以意识到这个冲突并力求把它克服的那些法律的、政

---

　　① 《马克思恩格斯文集》第 2 卷，591—592 页，北京，人民出版社，2009。

治的、宗教的、艺术的或哲学的，简言之，意识形态的形式。"①这段话
明确指出，尽管法律的、政治的、宗教的、艺术的或哲学的理念可以是
意识形态的，但自然科学不能是意识形态的。其次，关于财产关系，科
亨认为马克思希望只把所有权关系包含到生产关系中。这样，经济企业
的所有者就被纳入资本主义社会的"生产关系"中，但是"食利者"（即公
共或私人企业中的股票股份持有者，这些人只占有股份并不参与企业的
管理）并不是科亨所说的资本主义"物质生产关系"的构成部分。这是因
为，马克思在写《资本论》时，所有者自己管理的家族企业仍在英国资本
主义经济企业形式中占统治地位，联合股份公司还属于新生事物。因而
科亨将没有管理权的所有制关系视作一种纯法律形式，并将其与其他法
律关系一起纳入"上层建筑"。

　　尽管科琴对科亨的上述解释表示认同，但他也指出科亨的观点存在
不能对生产力（技术生产力）为什么要全面发展做出动态说明的问题。这
个问题表现在，为了保持生产力和生产关系之间的明确区别，科亨必须
为生产力内部找到一个理由，这个理由可以解释其在封建主义或资本主
义社会中一直发展至被现存关系所束缚。科亨对此的论证是，在物质匮
乏的社会中，人们（这里主要指科学家、技术专家、工程师、管理者，
或者从事技术生产的熟练工匠及工人）总是致力于追求提高物质生产率，
因此他们总会选择带来更高生产率的技术。科亨的这种论证犯了将资本
主义社会中占主导的实践泛化为一种永恒的人类行为的错误。此外，科
亨的这种论证也存在一个直接的历史错误。因为包括西欧在内的整个人

---

　　① 《马克思恩格斯文集》第 2 卷，592 页，北京，人民出版社，2009。

类历史经历了长时间持续的萧条，且在这段萧条期并没有出现任何技术生产上的进步。随着政府和统治阶级的社会构成发生变化，教育体系出现变化，政治和军事征服的推动，宗教迫害或其他原因导致熟练工人的迁移等历史条件的出现，人类的技术生产才得以发展，继而这段萧条的历史才得以终结。这些历史条件的变化基本都属于"社会生产关系"的变化，它们变化之后又能动地"反作用"于生产。由此可知，科亨并没能够合理地解释生产力如何发展到生产关系成为其"桎梏"的程度——也就是说，科亨未能成功地为1859年序言中概念和命题做辩护。

基于科亨在这一辩护上的失败，科琴提出从"世代"视角出发来解释。科琴认为，只有在历史上的特定时期才会设想生产力和生产关系之间的区别。他给出了两种情况：(1)当生产技术已经发展到可以释放出历史上空前丰富的产品或商品时；(2)当技术的发展已获得一种来自劳动专业化分工的推动，即分工导致技术发展为一种专业化工作时。

科琴进一步指出，倘若生产力和生产关系之间的区别只有在历史上的特定时期才会变得可能，那么由此会进一步产生以下两种情况：(1)生产力和生产关系之间的区别越明显，人类社会就越会将技术发展分离出来，把技术当作科学家、工程师、企业管理者这些本职就是要维持或加快技术变革速度及提高生产率的人所构成的社会群体的任务；(2)如果将生产力和生产关系之间的区别应用到前工业化社会或前资本主义社会，则其可能是无用的，甚至会产生误导。典型的例子就是，这种区别对于解释前资本主义社会的技术变革速度普遍很慢是没有什么帮助的。然而在这方面，马克思和恩格斯在解释封建社会的技术变革时，他们都倾向于复述1859年序言中对前资本主义生产方式的类别区分。

这就导致恩格斯晚年为了回到这个立场而不得不一方面维持序言中"经济基础/上层建筑"的区别是普遍适用的区别，另一方面又在否定或限定它们。这一点可以从恩格斯 1890 年写给布洛赫的信以及同年他写给施密特的信中清楚地看到。但是，在这两封信中，恩格斯把"经济因素"或"经济状况"与"上层建筑的各种因素"之间的区别看作是存在于某种纯认识论空间中的永恒区别。恩格斯所犯的这一错误，也就使得前文中提到的科亨犯了类似的错误显得不足为奇了。

基于上述分析，科琴指出，不能简单地使用马克思历史理论中的概念和命题来分析和解释现实。尽管马克思的历史理论是一种发展的理论，但是其仅关注了 12 至 19 世纪西欧特定的历史。马克思的历史理论不是一个"决定论的"理论，也不是一种具有普遍适用性的历史理论。其能够为适应人类自觉有意识的活动发挥作用，也能为适应包含人类这种活动的观念体系发挥作用。然而，这建立在从世代语境出发以"动态的"时间顺序去理解社会中的活动及其结果。只有这样，这种理解才能无限接近社会历史和思想历史。科琴也承认，为了澄清马克思的历史理论并展示出其强大的生命力，必须围绕马克思主义文本做大量的阅读和思考，特别是要为马克思、恩格斯在文本中使用的隐喻做出合理的辨析。

第四章

实践哲学棱镜下的经济学

　　本章关注的是马克思的经济理论，该理论主要由马克思在《资本论》中提出。《资本论》的英文全称是《资本：资本主义生产方式的批判性分析》，马克思认为这本书是他最重要的科学著作，从19世纪40年代末到60年代中期，他通过对古典经济学的反思以及当时资本主义社会现实的观察，用将近20年的时间完成其经济理论的构建。可以说，马克思的经济学是透过实践棱镜对经济理论和社会现实进行反思、再生产的理论产物。

　　科琴指出，关于马克思的经济理论有两个初步的观点应该把握。

　　第一，马克思的理论深受古典政治经济学的影响，特别是大卫·李嘉图观点的影响，其主要原因在于马克思的全部经济理论都建立在所谓"劳动价值理论"的基础之上，尽管马克思的理论也同时意味着对这一传统的批判。"劳动价值理论"的起源可以追溯到 17 世纪，但它得以系统化并成为现代经济理论之基础，应当归功于亚当·斯密（Adam Smith）1776 年的巨著《国富论》。通过大卫·李嘉图在 1817 年《政治经济学及赋税原理》中对斯密逻辑矛盾的消除，它随后被进一步系统化。马克思基本上全部接受了李嘉图对"劳动价值理论"的发展，并对此作出了进一步的发展，恩格斯热情赞扬其为马克思在政治经济学中的"伟大发现"。

　　第二，用现代术语来说，马克思的经济理论是一种"宏观经济理论"，也就是说，这种理论通过一种抽象的方式处理整体的经济，而非它的构成单元。在这方面，《资本论》本身有时使有些人误解——马克思有时把"资本家"和"工人"说成是"抽象的"或"平均的"个体，它们被用来代表或表示作为一个整体的"资产阶级"和作为一个整体的"工人阶级"。同样，马克思的"不变资本"概念是整个资本主义经济的所有种类的不变资本（车间、机器、未加工的原料），他的"可变资本"和"剩余价值"概念是指在整个资本主义经济的画面和被设想为一个整体的社会，而不是去思考一个单独的工作小组或单独一组工人。

一、作为科学家的马克思

　　马克思和恩格斯都将《资本论》视为一部旨在"揭示现代社会运行的经济规律"的"科学"著作，正如马克思在《资本论》第一版序言中所讲到的："万事开头难,每门科学都是如此……物理学家是在自然过程表现得最确实、最少受干扰的地方考察自然过程的,或者,如有可能,是在保证过程以其纯粹形态进行的条件下从事实验的。我要在本书研究的,是资本主义生产方式以及和它相适应的生产关系和交换关系……问题在于这些规律本身,在于这些以铁的必然性发生作用并且正在实现的趋势。"①因此,科琴在讨论马克思的经济理论前,有必要先谈谈他们关于科学以及科学家在社会中的作用的观点。

在《资本论》第一版序言中,马克思把"社会经济形态的发展"看作"一种自然历史过程",这点也可以从他试图把这部著作的一部分献给达尔文看出来,马克思确实看到了他的著作与《物种起源》(1859)提出的生物进化论之间的相似之处。科琴引用了恩格斯在马克思葬礼上的演讲对此做出明确的比较:

> 正像达尔文发现有机界的规律一样,马克思发现了人类历史的发展规律,即历来为繁芜丛杂的意识形态所掩盖着的一个简单事实:人们首先必须吃、喝、住、穿,然后才能从事政治、科学、艺术、宗教等等;所以,直接的物质的生活资料的生产,从而一个民族或一个时代的一定经济发展阶段,便构成基础,人们的国家设施、法的观点、艺术以至宗教观念,就是从这个基础上发展起来的,因而,也必须由这个基础来解释,而不是像过去那样做得相反。

① 《马克思恩格斯文集》第 5 卷,7—8 页,北京,人民出版社,2009。

不仅如此。马克思还发现了现代资本主义生产方式和它所产生的资产阶级社会的特殊的运动规律。由于剩余价值的发现，这里就豁然开朗了，而先前无论资产阶级经济学家或社会主义批评家所做的一切研究都只是在黑暗中摸索。①

在科琴看来，所有这些都没有表明马克思（或作出上述比较的恩格斯）是一个"社会达尔文主义者"。他们都不属于 19 世纪的主流思想家之列，这些主流思想家在达尔文的著作出版之后，试图将其"生存斗争"与"适者生存"的观点应用到人类个体、社会群体乃至种族上。相反，他们的观点似乎是，达尔文的理论——引用恩格斯的话说——"不过是把霍布斯关于一切人反对一切人的战争的学说和资产阶级经济学的竞争学说以及马尔萨斯的人口论从社会搬到生物界而已"②。

换言之，他们认为达尔文接受了占统治地位的关于人类社会本质的资产阶级观念（特别是马尔萨斯的人口论），然后将它们应用到动物和植物界。因此，对马克思和恩格斯来说，即使最好的"资产阶级"经济与社会理论是正确的——哪怕它是完全正确的——也仅仅是关于"资产阶级"（即资本主义）社会的理论，是历史的产物，并随着它做出理论说明的社会的消失而消失，他们当然拒绝将达尔文的理论作为一种普遍真理反过来应用于人类社会，并在所有时间和地点适用于所有人类社会。

就马克思确实在他自己和达尔文的著作中看到相似之处而言，它们

① 《马克思恩格斯文集》第 3 卷，601 页，北京，人民出版社，2009。
② 《马克思恩格斯文集》第 10 卷，411 页，北京，人民出版社，2009。

都是一种更为松散和相对普遍的理论，这可以从 1973 年版的《资本论》序言中得到最好的说明。在此，马克思赞同地引用了这样的观点，即"经济生活呈现出的现象和生物学的其他领域的发展史颇相类似……""各种社会有机体像动植物有机体一样，彼此根本不同……"①换句话说，马克思看到了历史上的社会以一种广泛的进化方式依次更替，就像达尔文所发现的动物与植物物种的进化一样。他同样认为所有这样的人类社会存在某些共同点——他称之为"物质生活的生产方式"，对人类而言，借助和依赖自然界进行劳动以确保他们的基本生存是一种必然性，这种劳动的"方式"（形式或方法）对于在人类进化特定点上出现的社会类型有着重要的影响。

但是，正如恩格斯明确指出的，由于人类"生产"是一个有意识的过程而"动物至多只是采集"，简单地把动物社会的规律转化到人类社会中是不可能的。因此，1973 年序言指出统治人类社会的规律不仅非常不同于统治动物界的规律（即与"生存斗争"和"适者生存"等没有任何关系），而且每一种人类社会都不相同。科琴认为，这点是非常明确的，因为对马克思和恩格斯来说，区分这些社会的首要方式就是通过区分其中占统治地位的生产方式。马克思同样表示了一种明显的喜好，即借助生物学的类比和隐喻去描述和分析人类社会，但是这种倾向在 19 世纪许多从事思辨的和纯理论的说服的作家当中是很常见的，它究竟能够在多大程度上反映出达尔文的影响还是不清楚的。

然而，通过所有这些而显露出来的，是马克思和恩格斯都没有对他

① 《马克思恩格斯文集》第 5 卷，21 页，北京，人民出版社，2009。

们自己的事业与自然科学的事业作出有力的或者质的区分。相反，对他们而言，"政治经济学"至少是一门与其他自然科学一样的科学。这可以通过他们非常乐意对政治经济学与其他科学进行比较上看出来，特别是与生物学进行比较，即使这种比较注定会显示出区别和相同之处。

科琴认为，不论马克思还是恩格斯都不属于那个思想派别——它想要在"社会科学"和"自然科学"的方法与目标之间作出质的区分。对他们来说，对人类社会的研究，或者至少对人类社会的经济"规律"的研究，是自然科学的一部分，尽管它有自己的方法、理论和分析工具。本书第一章已经从政治层面和心理层面分析了马克思和恩格斯为何作出这样的类比的原因，此处就不再赘述了。这里只想强调，这意味着马克思认为在《资本论》中进行的对资本主义社会的"科学调查"的"结果"是正确的，"绝对地"或"科学地"正确，无论谁都会认为其是正确的，实际上即使没人相信也依然是正确的。如果向马克思表明《资本论》从劳动阶级的观点或者无产阶级立场看是正确的，而从资产阶级的立场看则不是，对马克思而言将是一种侮辱，这就好比向达尔文表明他的进化理论从生物学的观点看是正确的而从宗教学的观点看则不是，这对达尔文也是一种侮辱。

因此，马克思的科学观在此意义上并不是相对主义的。他相信存在着证明科学理论之真与假的标准（诸如概念的严谨与精确，命题的逻辑与一致性，经验的证实或证伪），他的理论应当由这样的科学标准来判定真与假。科琴强调，这并不意味着马克思认为这些形式上的标准足以确定一种理论的意义。一种科学理论仅当它的真或假对它自身之外的事物颇有重要性时才是有意义的（即它与其他人类实践或活动有密切的关系）。这种观点来源于马克思的"实践哲学"。当然，并不是说对马克思而言，断言其为一个科学家就是一种令人骄傲的断言，在任何情况下这都不与断言其为一个革命家相冲突。在马克思的墓前，恩格斯在此明确指出，"在马克思看来，科学是一种在历史上起推动作用的、革命的力量。任何一门理论科学中的每一个新发现——它的实际应用也许还根本无法预见——都使马克思感到衷心喜悦，而当他看到那种对工业、对一般历史发展立即产生革命影响的发现的时候，他的喜悦就非同寻常了……因为马克思首先是一个革命家。他毕生的真正使命，就是以这种或那种方式参加推翻资本主义社会及其所建立的国家设施的事业，参加现代无产阶级解放事业，正是**他**第一次使现代无产阶级意识到自身的地位和需要，意识到自身解放的条件"①。

在科琴看来，无论马克思还是恩格斯都能够并确实在他们关于世界的观点中把"科学"与"革命"如此紧密和自然地联系起来。他们没有丝毫怀疑自然科学对人类来说是一种"进步的""解放的""改善生活的"力量。他们确信科学已经使人类生活更加美好，并将继续使人类生活更加美好，在这点上他们当然是他们那个时代的典型人物。他们是 19 世纪的人物，维多利亚对代的人物，在科学、工业和工业生产的"进步"性质方面具有维多利亚对代的信仰。而且，把他们自己看作"科学家"要求社会中更具革命性的变革，这种变革以马克思政治经济学的科学"发现"为基础，他们同样把自己看作致力于人类状况的进步与增强。如果我们用一句话概括他们的特点，那就是自然科学的发展以及这种发展在工业和农业生产中的应用，这在世界历史上第一次创造了结束人类物质贫乏和苦

---

① 《马克思恩格斯文集》第 3 卷，602 页，北京，人民出版社，2009。

难的可能性（即结束饥饿、寒冷、疾病等的苦难）。

但是，马克思和恩格斯同样认为资本主义社会的"社会关系"——高度不均衡的社会形式，科学发现在资本主义社会中会立即被应用于生产——确保了科学对于普遍解放的可能性永远不会被发现。他们作为"科学家"的任务和职责，就是要说明为什么会是这样（为什么在资本主义下可能永远不会变为现实性）。

科琴指出，不像马克思和恩格斯，我们生活在核战争、细菌战、"星球大战"和塞拉菲尔德核泄漏的阴影下，因此当代人极少会确信自然科学的"积极的""解放的"性质。对于马克思和恩格斯来说，自然科学是一种积极的力量，但资本主义社会阻碍了那种积极可能性的完全实现。一个现代的读者很可能会认为这是一个不充分的观点，自然科学在本质上是一种既非积极也非消极的力量，这取决于它被用来做什么，那是由社会和政治来决定的（自然科学理论及其应用带来的益处）。但是不管怎样说，马克思自认为是一名科学家，与他那个时代的其他科学家一样。他相信在《资本论》中提出的关于剥削和资本积累的经济理论在科学上是正确的，存在着非相对论性质的标准可以用来决定这一点，这些标准的应用（逻辑的一致性、概念的精确性、经验的有效性）将证明其真理性。

二、《资本论》的主要经济假设

科琴认为，《资本论》所陈述的经济理论是由 9 个假设所构成的，它们是：

1. 包含在商品中的抽象的社会必要劳动时间（简称 SNLT）的总和决定着商品的价值量。

2. 所有商品通常按照其价值进行交换。

3. 劳动力是一种商品。

4. 劳动力商品的价值量与任何别的商品一样取决于相同的方式。

5. 但是，劳动力是唯一一种能够生产出较它自身更大价值的商品。这种额外的价值被称为剩余价值。

6. 利润因此仅仅是超额或无酬劳动时间的货币形式。利润是剩余价值的货币形式。

7. 剩余价值采取两种形式，产生于延长工作日的"绝对"剩余价值，借助改进了的机器而提高活劳动每小时的生产率产生的"相对"剩余价值。

8. 相对剩余价值的积累趋向于在增加商品量的同时降低所有商品价值。

9. 相对剩余价值的增长仅能不断地产生于不变资本（"C"）的量的增长快于可变资本和剩余价值（"V"+"S"）的量。因此，随着资本主义的技术进步，价值利润率趋向于下降。

换言之，在《资本论》第一卷和第三卷中，马克思提出了这 9 个关于资本主义经济的分析性假设。对于假设 1 和假设 2，他并无赞誉，因为它们直接来自李嘉图。假设 3 至假设 9 是他自己的，特别是假设 3 至假设 5 构成了他的政治经济学"发现"——"剩余价值理论"，它们解释了在所有商品都按照其价值进行交换的情况下利润是如何产生的。

科琴依次讨论了这 9 个假设，并尽力阐明马克思每个假设是指什么。

假设1：包含在商品中的抽象的社会必要劳动时间的量决定着商品的价值。因此，按照马克思的术语，我们应该说一张桌子的价值是多少小时的 SNLT，一所房子的价值是多少个月的 SNLT，一架飞机的价值是多少年的 SNLT，等等。换言之，包含在商品中的 SNLT 越多，商品的"价值"（在马克思的意义上）就越大，包含在商品中的 SNLT 越少，商品的"价值"就越小。

然而，尽管在制造商品中花费的 SNLT 的量决定着商品的价值——即是说决定它具有多大的价值——但它并不使商品具有价值。对马克思来说，"商品"（它是人类劳动的产品，它被生产出来是为了被卖掉或交换）对人类有价值是由于两个方面的原因。

首先，它们有价值是因为它们是有用的。面包有用是因为它能使我免于饥饿，牛奶有用是因为它能使我免于口渴。桌子有用是因为我们可以在它上面吃东西或写字。卫星有用是因为它可以侦察别的国家、实施科学实验、监测天气，等等。马克思称此为商品的使用价值。

其次，对人类而言商品有价值同样是因为它们可以被用来交换别的商品。在马克思的术语中，这是商品的交换价值，在劳动分工高度发达的市场经济中是尤其重要的。因为在这样的社会中人们自己只生产产品的一小部分或者"使用价值"（食品、衣服、庇护所等），尽管它们所做的只是生产一种产品，或者只是一种产品的一小部分（例如一家汽车工厂的工人），但借助于金钱，他们交换他们所生产的以换取他们所需要的其他商品。

于是对马克思来说，一件商品以及任何商品，可以通过两种方式来看待或考虑。第一，它是一件有用的产品，它对人类有一种用途，满足人类一种需要。这是它的使用价值。第二，它可以用来换取其他商品，因为它对其他人比生产它的人有用。这是它的交换价值。

但是这种交换价值的量（即任何能够通过它交换而获得的商品的总和）是由包含在商品中的 SNLT 的总和决定的。马克思把它——任何商品的交换价值的量——仅仅看作它的"价值"。例如，包含 6 小时 SNLT 在其中的一张桌子，按照马克思的模型，可以交换 1 个包含 6 小时 SNLT 的台灯，或者交换两盘包含 3 小时 SNLT 的录像带，或者 6 个包含 1 小时 SNLT 的茶杯。桌子的"价值"是 6 小时 SNLT，每盘录像带的"价值"是 3 小时 SNLT，每个茶杯的"价值"是 1 小时 SNLT，如此等等。

科琴指出，当我们今天谈到"价值"时，即使用经济学的术语，我们通常是指价格，货币价格。比如"去年日本出口录像机价值达 50 亿英镑"或者"那条钻石项链值钱吗？是的，它值 2.5 万英镑"，等等。科琴强调，这并非马克思所意指的，它不是"劳动价值理论"中一般所说的"价值"。在劳动价值理论中价值与价格是非常明显地相互区别的。因此，我们必须把"价值"理解为一定单位的时间，一定单位的劳动时间。

第一，马克思的第一个假设认为不是"包含在商品中的劳动时间的量决定它的价值"，而是"包含在其中的抽象的社会必要劳动时间"决定价值。通过"社会必要的"，马克思在此指在整体的经济中代表平均生产率的劳动时间的量。

例如，设想在一个经济结构中有 20 个企业生产滚珠。17 个企业使用机器每小时可以生产 2000 个或者更多的滚珠。然而在另外 3 个企业中，滚珠是手工生产的，每小时只能生产 2 个。但它们是非常完美的，每一个都被技艺精湛的工匠煞费苦心的精心制作，每一个都由略微不同的金属合金制成，于是它们具有略微不同的质地和颜色。唯一的问题在于，当另外 17 个企业生产的滚珠每个价值 6～9 便士时，这些手工制作的滚珠每个价值 10 英镑，它们一点也不更加耐用。对马克思而言，这些煞费苦心的工匠花费的劳动时间，尽管技艺完美，但它并非滚珠生产部门的"社会必要"劳动时间的一部分，因为这些滚珠卖不出去。可以说，作为滚珠它们不是独立的商品，于是在一定的意义上，花费在它们身上的劳动时间被浪费掉了。这种浪费的方式，低于平均生产率，"社会非必要"劳动时间当然会造成损失，如果这 3 个企业不快速现代化，即不能确保它们的工人配备平均生产率或者在其之上的机器，它们将被淘汰出这个行业。

通过"抽象"劳动（在抽象的社会必要劳动中），马克思是指一种平均类型和"平均"技艺与强度水平的劳动时间。换句话说，为了达到把劳动时间作为价值衡量尺度的目的，马克思是在对"现实世界"中的实际劳动进行抽象，也就是说，存在着许多不同类型的劳动（编织、钻孔、切割、采掘、擦亮、油漆，等等）和不同水平的技艺与强度，在其中任何特定类型的劳动被从事。存在着技术熟练和不熟练的木匠，技术熟练和不熟练的计算机程序员，强壮和不强壮的矿工，懒惰和积极的装配工，等等。马克思是在对这些不同进行"抽象"，通过假定对整体的经济而言的"平均"水平的技术和强度，通过对不同类型劳动的"抽象"，把所有劳动时间看作一种"平均"类型的劳动时间。

假设 2：所有商品通常按照其价值进行交换。

科琴认为，原则上讲，这条假设的含义是非常简单的。在整体的资本主义经济结构中（正如马克思在《资本论》第一卷中所认为的），交换是如此被安排的，所有的商品通常都按照其价值进行交换。于是如前所述，一件包含 4 小时 SNLT 的商品通常会换取另一件包含 4 小时 SNLT 的商品（或换取 2 件包含 0.5 小时 SNLT 的商品，或换取 8 件包含 2 小时 SNLT 的商品，如此等等）。在这种经济结构中，如果商品交换的发生借助于货币——这是马克思所设想的——那么商品的价格将会是这样的，"4 小时社会必要劳动时间"商品的价格是 4 英镑（或 40 便士或 4 便士），"2 小时社会必要劳动时间"商品的价格是 2 英镑（或 20 便士或 2 便士）。换言之，商品的相对价格将表明它们的价值（在 SNLT 中）。

科琴指出，这时候马克思没有忽视"供应和需求"对相对价格的影响。他立即承认如果对商品的需求由于某种原因急剧上升，或者它的供应突然下降，那么它的价格会上涨"超出它的价值"。反之，如果对商品的需求突然下降或者它的供应急剧上升，那么它的价格就会下跌"低于它的价值"。

但是马克思仍然认为，对于所有商品来说，如果把它们放在一起并经过长期的考察，我们将会看到由供应和需求导致的价格波动，其实是围绕着一个"平均的"或"中间的"价格，中间或平均价格的长期运动是由价值的运动所决定的。换句话说，在这个长时期内，如果包含在一件商品中的 SNLT 的总和下降，那么它的长期平均价格也下降。反之，在这个长时期内，如果包含在一件商品中的 SNLT 的总和上升，那么它的长期平均价格也将上升。马克思实际上主张在资本主义经济结构中存在一些作用因素，这意味着包含在所有商品中的 SNLT 的总和在经历一段时间后趋于下降。这当然意味着所有商品的价格将同时下降。

假设 3：劳动力是一种商品。

科琴指出，马克思在他的理论中特别强调"劳动"与"劳动力"之间的区分。根据《资本论》第 1 卷，当"自由"的工人（也就是在法律上是"自由"人的工人，不是奴隶或农奴，已经从他们自己的生产工具中"解脱"出来，也就是说，他们没有借以保证自己生存的土地、机器或原材料）与一个资本家或一个资本主义企业签订合同时，他们约定只出卖他们的劳动力，而不是他们的劳动。如果工人出卖他或她自己的劳动，按照马克思的说法，那么他或她将成为一个奴隶，他们将出卖他们自身。

但在资本主义经济结构中，这种情况并没有发生。而是工人在规定的一段时间内出卖他们的能力、力量、技艺、智力——一天多少小时或一周多少天，如此等等。在其余时间——在他们的闲暇时间——在某种程度上这些能力又"回归"到工人。在他们不是资本家雇主的所有物的时间内，他或她可以以任何他们愿意的方式使用这些能力。实际上，马克思把劳动界定为："人的身体即活的人体中存在的、每当他生产某种使用价值就运用的体力和智力的总和。"[①]因此，"对马克思而言，核心问题即是劳动力在资本主义制度下变成一种商品"[②]。劳动力是自由的工人拥有的唯一的所有物。全部事实即是他或她为了生存而不得不出卖自己的劳动力。劳动力是资产阶级从工人阶级那里买来的商品。换句话说，资本家购买了工人的能力。科琴指出，随着我们继续深入，这个看

① 《马克思恩格斯文集》第 5 卷，195 页，北京，人民出版社，2009。

② Gavin Kitching，*Karl Marx and the Philosophy of Praxis*，London and New York：Routledge，1988，p. 74.

似简单的观点将证明具有极大的重要性。

假设 4：劳动力商品的价值量与任何别的商品一样取决于相同的方式。

或者用马克思自己的话说："同任何其他商品的价值一样，劳动力的价值也是由生产从而再生产这种独特物品所必要的劳动时间决定的。"①"或者说，劳动力的价值，就是维持劳动力占有者所必要的生活资料的价值。"②现在，如果我们进一步说明这个假设，即所有商品通常按照其价值进行交换，那么劳动力商品也必须按照其价值进行交换或者被购买。

换言之，假定按照生产率的平均水平，需要花费 20 小时的 SNLT 去生产维持一个普通工人一周所需的生活资料，那么我们将会得出那个工人的以货币方式支付的周工资，则必须保证他或她足以购买相当于 20 小时 SNLT 价值的生活资料。换一种说法，生产和再生产整个工人阶级一年的劳动力需要花费多少 SNLT，整个资产阶级为了按照其价值购买这种劳动力，就必须在那一年支付一个工资总量，它使那个 SNLT 总量的生产可以被购买。或者再换一种说法，工资通常等于"劳动价值量"。马克思对这一点非常坚持。在他的理论中，资产阶级并没有欺骗工人阶级。资产阶级付给工人阶级充分的商品即劳动力的"价值"（在马克思的意义上），这是他们从工人阶级那里买到的。

但是，对马克思来说，这又产生了一个难题。他认为这个难题是从

---

① 《马克思恩格斯文集》第 5 卷，198 页，北京，人民出版社，2009。
② 同上书，199 页。

李嘉图的著作中发现的，但李嘉图永远不能解决。如果包含在商品中的SNLT的总量决定着所有商品的价值，所有商品包括劳动都按照其价值进行交换，那么对资产阶级来说怎么会有可以侵占的利润呢？马克思解决这个难题(a)通过坚称资产阶级购买的是劳动力而非劳动，(b)通过提出他的第五个假设。

假设 5：劳动力是唯一一种能够生产出较它自身更大价值的商品。这种额外的价值被称为剩余价值。

换句话说，当资产阶级付给工人阶级的周工资等于工人阶级劳动力那一周的价值时，这里并没有欺骗。工人阶级仅有的商品按照其价值被购买。但是"普通"资本家(代表整个阶级)一旦按照其充足的价值购买了"普通"工人 20 小时 SNLT 的劳动力，他就可以使用这种劳动力，使它每周工作比 20 小时多得多的时间。资本家可以安排工人，可以使用他的劳动力达到每周 40 小时或 50 小时。如果那个劳动时间处于生产率的平均水平或者其上，那么所有额外的劳动时间将生产出一种额外的价值——用马克思的术语说是"剩余价值"——这是资产阶级的利润的来源。

科琴认为："或者换种方式说——按照马克思有目的地'显著的'方式——整个资产阶级在一个特定的时期内从整个工人阶级那里获得的产品，超过了工人阶级维持生计所需要的产品。"[1]那种维持生计的产品的总量和类型在整个时间内是变化的。在某一个时间它仅仅包括充足的衣

---

① Gavin Kitching，*Karl Marx and the Philosophy of Praxis*，London and New York：Routledge，1988，p. 75.

物和住所，接着又包括合适的地毯、彩色电视机、小轿车、西班牙度假。但是在任意特定的时间，它如此所是，即对资产阶级雇佣工人阶级而言是"值得的"，工人阶级必须生产超过"维持生计的"产品的大量物质产品。当这种超额的物质产品（超额或剩余劳动的产物）被出售时，资产阶级获得它货币的利润，并用其再投入车间、机器、原料，提高自己的生活水平（通过红利、薪水提高等）。于是，这把马克思引向他的第6个假设，从先前的5个得出的"革命性"结论。

假设6：利润因此仅仅是超额或无酬劳动时间的货币形式。利润是剩余价值的货币形式。

科琴指出，这就是所谓的"剩余价值理论"，马克思和恩格斯都认为这是马克思政治经济学的伟大"发现"。他们相信，这是一个伟大的发现，不仅仅是因为它解决了李嘉图未能解决的难题（在包括劳动在内的所有商品都按照其价值进行交换的经济结构中怎么能产生利润？）而且是因为它似乎科学地证明了在资本主义经济结构中，资本积累——资产阶级的利润积累和再投资——只能发生于对工人阶级的剥削（在此"剥削"被定义为"对剩余价值的侵占，对工人阶级的剥夺"）。

然而，为了使他的理论完整，马克思不得不把剩余价值理论与一种资本积累理论联系起来，为此他提出了假设7、假设8、假设9。

假设7：剩余价值采取两种形式，产生于延长工作日的"绝对"剩余价值，借助于改进了的机器而提高活劳动每小时生产率产生的"相对"剩余价值。

在科琴看来，为了理解假设7，我们需要掌握马克思宏观经济学的基本概念，也就是他借以描述整个资本主义经济的概念，这些概念是：

1."不变资本"，或者马克思的记法"C"。这被马克思定义为：

"转变为生产资料即原料、辅助材料、劳动资料的那部分资本，在生产过程中并不改变自己的价值量。因此，我把它称为不变资本部分，或简称为不变资本。"①

2."可变资本"，或者用马克思的记法"V"。这被马克思定义为：

"转变为劳动力的那部分资本，在生产过程中改变自己的价值。它再生产自身的等价物和一个超过这个等价物而形成的余额，剩余价值。这个剩余价值本身是可以变化的，是可大可小的。这部分资本从不变量不断转化为可变量。因此，我把它称为可变资本部分，或简称为可变资本。"②

3."剩余价值"，或者用马克思的记法"S"。这被马克思定义为：

"这个剩余价值就是产品价值超过消耗掉的产品形成要素即生产资料和劳动力的价值而形成的余额。"③

可以从马克思关于不变资本的定义中得出，正如假设5所主张的，剩余价值的生产完全是通过或来自V，而不是C。

所有这些换种方式来说：C是一个经济组织在任一时间"生产资料"总和的价值——通过SNLT来衡量。V是一个经济组织在相同时期劳动力总和的价值——通过SNLT来衡量。S是那个阶级无偿或超额劳动的价值，同样通过SNLT的小时、天或周数来衡量。因此，用马克思的记法，一个资本主义经济组织在任一时间的全部生产或产出，可以用这个

---

① 《马克思恩格斯文集》第5卷，243页，北京，人民出版社，2009。

② 同上书，243页。

③ 同上书，242页。

公式来表示：

$$C+V+S。$$

从这个一般的宏观经济学的公式出发，马克思得出另外两个公式，它们分别是：

（i）$\dfrac{S}{V}$

这是对整个无产阶级的"剩余价值率"或者"剥削率"。换句话说$\dfrac{S}{V}$是全部工人阶级生产的剩余价值量，表示为它全部劳动力价值的比例。

（ii）$\dfrac{S}{C+V}$

这是整个经济组织在价值方式上的利润率。换言之，$\dfrac{S}{C+V}$是整个无产阶级生产的剩余价值的总和，表示为一个经济组织在任一时期全部不变资本与可变资本——或全部资本——的价值的比例。

科琴强调："但是对马克思而言重要的不是这些静态的宏观经济学的关系，而是它们相互联系的动态方式，通过时间而容许资本的积累和资本主义体系的扩张。"①总体上讲，这个思想就是资产阶级通过侵占工人阶级的剩余价值——超额或无偿劳动时间——而获取利润。剩余劳动时间包含在大量的商品之中，资产阶级卖出它们获得金钱，这些金钱构成了资产阶级的利润。

利用利润资产阶级能够做三件事：

---

① Gavin Kitching, *Karl Marx and the Philosophy of Praxis*, London and New York: Routledge, 1988, p. 78.

第一，他们可以更新不变资本现有的储备物——或者 C——通过更新车间和机器，买入为"来年"新一轮生产的原料；第二，他们可以提高自身的生活水准（通过付给股东红利等）；第三，他们可以投资于额外的不变资本和原料，雇佣额外的劳动力，以扩大"来年"的生产。

如果资产阶级只做 1，或者 1 和 2，那么这个体系就不会扩张。它将仅仅是同样的规模，与"今年"一样在"来年"生产同样数量的商品。但是如果资本家用其利润做 1 和 3 或者 1、2、3，那么这个体系会在来年比今年大。用马克思的术语来说，这个体系将会"扩大再生产"。

科琴指出，现在我们可以来考察绝对和相对剩余价值。为了最好地理解这些概念，科琴列举了两个简单地用数字表示的例子。

绝对剩余价值

假设在 1840 年一个平均的工作日，情况如下：

C（5 小时 SNLT 生产 100 件商品）＋V（5 小时 SNLT 生产 100 件商品）＋S（2 小时 SNLT 生产 40 件商品）

换言之，在整个一年中都是 12 小时工作日。那么将是这样：

$$\frac{S}{V}=\frac{2}{S}=40\%（"剩余价值率"＝40\%）；$$

$$\frac{S}{C+V}=\frac{2}{S+S}=\frac{2}{10}=20\%（"利润的价值率"＝20\%）。$$

在这个经济组织中整个一天的产出是通过 12 小时的 SNLT 生产 240 件商品，这意味着每小时生产 20 件商品。于是通过包含在每件商品中 3 分钟的 SNLT，也就是说，在 1840 年商品的平均价值是 3 分钟 SNLT。

设想在下一年即 1841 年，工作日增加到 14 小时，那么情况将会是：

C(5 小时 SNLT 生产 100 件商品)＋V(5 小时 SNLT 生产 100 件商品)＋S(4 小时 SNLT 生产 80 件商品)；

$\dfrac{S}{V}$ 现在成为 $\dfrac{4}{5}$＝80％("剩余价值率"现在是 80％)；

$\dfrac{S}{C+V}$ 现在成为 $\dfrac{4}{5+5}$＝$\dfrac{4}{10}$＝40％("利润的价值率"＝40％)。

由于每小时生产相同数量的商品，就像在 1840 年(20 件)，随着工作日增加 2 小时，一天的总产出从 240 件提高到 280 件商品。但是因为相同数量的商品(100 件)需要偿还不变资本，相同数量的商品(100 件)需要偿还劳动力的价值(可变资本)，增加的 40 件商品对于资产阶级就全部成为剩余价值。于是，以价值来衡量的剩余价值率和利润率就都提高了。实际上二者都翻了倍。

这就是马克思所称的提高绝对剩余价值的过程，它通过延长工作日提高剩余价值的总量和剩余价值率，并保持资本投入总量和工资水平不变。这是 19 世纪早期英国经济组织提高利润的一种共同方式。

但是马克思指出随着资本主义的发展，这种提高剩余价值的绝对方法趋向于被另一种——相对的——方法所替代。科琴通过第二个例子说明了这种方法。

相对剩余价值

假如现在是 1920 年。在那个年代，由于工会施压和政府立法，工作日缩短到了 10 小时。现在如果生产率仍然与 1840 年相同，情况将会是：

C(5 小时 SNLT 生产 100 件商品)＋V(5 小时 SNLT 生产 100 件商

品）＋S（0 小时 SNLT 生产 0 件商品）。

在这样的条件下几乎不必去计算 $\dfrac{S}{V}$ 或者 $\dfrac{S}{C+V}$，因为它们都将等于零，也就是说没有剩余价值，按照价值的方式没有利润。然而，马克思指出，当工作日缩短时，这并非实际发生的状况。而是资本家对这种缩短作出了典型的反应——给他们的工人配备了更高生产率的机器。假设这种情况发生在整个经济领域，那么通常，通过使用这些改进的机器，每个工人在 1920 年每小时生产的商品数量要 2 倍于 1840 年。情况将会是如下这样：

C（4 小时 SNLT 生产 160 件商品）＋V（4 小时 SNLT 生产 160 件商品）＋S（2 小时 SNLT 生产 80 件商品）。

换言之，尽管在工作日上从 1841 年的水平减少了 4 个小时，从 1840 年的水平减少了 2 个小时，但由于生产率翻了一倍，1 小时 SNLT 生产 40 件商品，而不是 1840 年的 20 件，那么在平均 10 小时的工作日，可以生产 400 件商品——相对于 1840 年的 240 件和 1841 年的 280 件而言，商品数量增长很大。

但是，由于存在更多的不变资本——更多的车间和机器——更多的商品（相对于 100 件的 160 件）被要求生产出来以偿还损耗的 C。同时，由于劳动力和工资的增长，更多的商品（相对于 100 件的 160 件）被要求生产出来以偿还劳动力的价值或 V。于是 10 小时当中 8 小时的工作被要求偿还 C＋V。但是这样仍留下 2 小时的 SNLT——或者 80 件商品——作为 S 或者剩余价值。

$\dfrac{S}{V}$ 现在是 $\dfrac{2}{4}=\dfrac{1}{2}=50\%$（即"剩余价值率"＝50%）；

$\dfrac{S}{C+V}$ 现在是 $\dfrac{2}{4+4}=\dfrac{2}{8}=\dfrac{1}{4}=25\%$（即"利润的价值率"＝25％）。

于是，通过借助于改进了的机器而提高劳动力的生产率，资产阶级从 1840 年的水平实际地提高了剩余价值率（较之于 40％的 50％）。

科琴指出，这就是马克思所称的通过相对的方法提高保持剩余价值量与剩余价值率。马克思认为，随着资本主义的发展，由于资产阶级借助于基本的机械装置从工人阶级那里侵占剩余价值，相对剩余价值趋向于替代绝对剩余价值。当然如果在现实世界中工作日一再缩短——从1920 年起它当然已经低于 10 小时——那么这必定成为事实。因为，否则的话，要么资产阶级根本没有利润，要么由于工作日缩短，资本投入和工资将会下降。我们知道，在现实世界中——或者至少在"美欧日"的模式中——这些情况并没有发生。

然而，通过相对的方法提高剩余价值——通过借助于改进了的机器提高 SNLT 每小时（或每天或每周）的生产率——还有进一步的推论。这些推论把我们带入马克思的下一个假设。

假设 8：相对剩余价值的积累趋向于在增加商品量的同时降低所有商品价值。

随着在 1840 年和 1920 年间劳动生产率的翻倍，较之于 1840 年的仅仅 240 件，在我们的经济组织中每天生产出 400 件商品。如果把这些数字与一年中的工作日数（如 300 天左右）相乘，那么我们可以看到商品产量大大增加了。

然而假设 8 的第一部分却不是那么清楚。我们已经看到，在 1840年，当在一个平均 12 小时的工作日生产出 240 件商品时，每件商品中包含着 3 分钟 SNLT。换言之，在 1840 年平均每件商品的价值是 3 分钟 SNLT。但是在 1920 年，400 件商品在 10 小时中被生产出来，或者每小时 40 件。于是在 1920 年平均每件商品中仅仅包含 1.5 分钟 SNLT。因此，在马克思的意义上，在 1840 年与 1920 年间我们的经济组织中所有商品的价值已经被减半了。而且，在 1920 年为了维持工人阶级生存所需要的 160 件商品所包含的 SNLT，要比在 1840 年每天所需要的 100 件商品所包含的 SNLT 少 1 小时，那么劳动力的价值（V 的价值）也下降了。

科琴又进一步分析了关于"降低商品价值"的深层含义：

1. 它并非意味着商品越来越少，相反会更多。

2. 它并非意味着这些商品的货币价格下降了。实际上仅仅以货币的方式来看，它们的价格可能提高了。

3. 它并非意味着工人阶级的货币工资或实际工资下降了。实际上，尽管"劳动力的价值"在 1840 年和 1920 年间已经减半，但每天需要更多的商品来满足 V（相较于 100 件的 160 件），满足工人阶级的生存。因此，如果工人阶级的体量增长得不是很大，每个人的实际工作可能同时会提高。

但是，在科琴看来，马克思确实主张如果在任一经济组织中所有商品的价值——以 SNLT 来衡量——下降，那么所有商品的"实际"价格，相对于"货币"价格将同样下降。因此，现在有必要说明"所有实际价格下降"是指什么。科琴认为，马克思其实是指在任何商品价值下降的经济组织中，每个人不得不工作更少的时间去获取货币以购买那个经济组织生产出来的商品。

换句话说，如果 1 个面包在 1840 年要花 1 便士，在 1920 年要花 6 便士，但是为了挣钱去购买那个面包，1840 年的"普通"工人必须工作 20 分钟（就是说工资就是 20 分钟＝1 便士），而在 1920 年只需要工作 10 分钟（就是说工资就是 10 分钟＝6 便士）。这样看来，一个面包的价格实际上是降低了，尽管其货币价格是原来的 6 倍。如果这种情况发生在所有商品上，那么所有商品的实际价格就会下降，尽管它们名义上的货币价格提高了。

因此，这种"实际价格的普遍下降"只是快速提高劳动生产率的另一个结果，当价值以劳动时间来衡量时很显然同样也是引起"价值"下降的因素，相对剩余价值——或者劳动时间的生产率的提高——对于一个经济组织的物质生产和商品的"价值"及"实际价格"的作用，"绝对是理解马克思关于资本家积累模式的中心思想。它们也绝对是理解'利润率下降趋势规律'的中心"①。

在科琴看来，正确理解通过"相对剩余价值"是指什么以及它的全部含义是绝对重要的，在很多方面这是理解马克思全部经济学的关键概念。

假设 9：相对剩余价值的增长仅能不断地产生于不变资本（"C"）的量的增长快于可变资本和剩余价值（"V"＋"S"）的量。因此，随着资本主义的技术进步，利润的价值率趋向于下降。

这个假设只是逻辑地来自宏观经济学概念之间的关系。因为如果利

---

① Gavin Kitching, *Karl Marx and the Philosophy of Praxis*, London and New York：Routledge, 1988, p. 83.

润的价值率是$\dfrac{S}{C+V}$，为了提高相对剩余价值量，C 的增长必须快于

S＋V，那么$\dfrac{S}{C+V}$在时间 t_2 将总是少于在时间 t_1。

　　为了把这点弄得更清楚，科琴又设计了一个简单地用数字表示的实例。为了前后一致的目的，与前面的实例一样保持了相同的日期（1840年和 1920 年），但改变了 SNLT 的数值，以使它们对作为一个整体的经济组织更加实际。科琴认为，它将很好地阐明马克思设想的趋势或样式，随着其发展它实际地发生在一个真实的资本经济组织中。

　　在 1840 年与 1920 年这段时期，我们经济组织中的资产阶级提高了相对剩余价值而不是绝对剩余价值。其结果是保持剩余价值的量——100 万小时的 SNLT——自始至终在同样的水平上，但是通过在很大程度上提高每小时 SNLT 的生产率，他们实际上做到了减少用来再生产工人阶级的劳动力所需要的 SNLT 的总量——从 500 万小时到 400 万小时的 SNLT。于是劳动力的价值下降了。

　　"利润率下降趋势的规律"可以通过如下加工过的实例来分析：

时间 t_1（1840 年）

$$\frac{S}{V}=\frac{100\ \text{万小时 SNLT}}{500\ \text{万小时 SNLT}},$$

因此，$\dfrac{S}{V}=\dfrac{1}{5}$ 或 20％。

C＝1000 万小时 SNLT，

因此，$\dfrac{S}{C+V}=\dfrac{1}{10+5}=\dfrac{1}{15}=6.66\%$。

....

时间 t_2（1920 年）

$$\frac{S}{V}=\frac{100\,万小时\,SNLT}{400\,万小时\,SNLT},$$

因此，$\dfrac{S}{V}=\dfrac{1}{4}$ 或 25％。

但是现在 C＝1600 万小时 SNLT，

因此，$\dfrac{S}{C+V}=\dfrac{1}{16+4}=\dfrac{1}{20}=5\%$。

科琴指出，这当然能够与在这一时期内工人阶级的实际工资的增长完全一致。而且，每小时的 SNLT 现在更加富有成效，补偿资产阶级剩余价值的 100 万小时 SNLT 将成为较 1840 年更多商品的等价物，当被卖出时它们将可能会实现多得多的货币利润。

但是为了做到所有这些，资产阶级不得不建造更加先进的工业车间，安装更加高效率的机器。用马克思的记法，这是不变资本——或者 C——当被以价值的方式来衡量时。于是为了以这种方式提高剩余价值——可能是对缩短工作日和年的反应——资产阶级不得不把 C 从 1000 万小时的 SNAL 提高到 1600 万小时的 SNLT。这样，在 1920 年，1600 万小时的 SNLT 必须被工人阶级生产出来以偿还更多增长的 C 的量中耗尽或贬值的部分。

这样，尽管在 1840 年与 1920 年期间 $\dfrac{S}{V}$ 剩余价值率（或者对工人阶级的“剥削率”）已经提高了 5％（从 20％到 25％），由于 C 的量的大量增长，利润的价值率 $\dfrac{S}{C+V}$ 实际上从 6.66％下降到 5％。

科琴认为，在马克思的理论中，为什么 C 的大量增长总是降低利润的价值率的原因就是，只有活劳动力，只有"目前"活着的工人阶级，才产生剩余价值。用马克思的记法，只有 V 才生产 S。这样，C 并不生产任何 S，即不变资本并不生产任何剩余价值。

但是在资本主义发展过程中，与 V 相比 C 总是趋向于增长。马克思有时把这表述为资本主义的发展趋向于导致"死劳动"对"活劳动"的替代。他称机器为"死劳动"是因为其包含了过去的活劳动力，劳动不再有生命。于是，在马克思的理论中，剩余价值的唯一来源（V）相对于 C 总是趋向于成比例地减少。其原因就在于为了通过"相对的"方法提高剩余价值率，C 相对于 V 必须成比例地增长。

于是，马克思认为这种相对的方法，被资产阶级用来补偿绝对剩余价值的损失所带来的影响，在短时间内可能是成功的，但是在长时间内对资本主义来说则是有违初衷的。因为随着人被机器所替代，剩余价值的唯一来源，"活劳动力"，逐渐地被从劳动进程中驱赶出去，于是尽管剩余价值率提高而利润的价值率却下降了。

在科琴看来，马克思的理论把活劳动力看作剩余价值的唯一来源，即他否认机器可以生产剩余价值（于是否认机器可能是资本家利润的来源），是一种非常奇特的观点，而且是一个不能证实的观点。但它仍然是，马克思的理论所讲到的，在他的理论中，它是为何 C 如果相对于 V 增长，尽管提高了剩余价值率，但却导致了利润率下降的原因。

这即是马克思的"利润率下降趋势的规律"，资本主义的经济规律之一，马克思相信它"以铁的必然性发生作用"。假使这样的话，这种"正在实现的趋势"就是利润率逐渐达到零或接近零，使资产阶级不可能在私人利润的基础上进一步扩张这个体系。于是，这个体系的一种整体的革命性转变——在社会主义的指引下——被认为是必须的，如果"生产力"还要进一步发展的话。当然，正是工人阶级被认为进行了这样一场革命。

科琴认为，以上既是马克思经济理论的 9 个假设，也是马克思经济理论的基本原则。为了进一步阐明这个假设的深刻内涵，并使之与马克思的哲学观点相联系，科琴强调了两点：

第一，我们应当注意这种资本主义经济理论怎样与马克思的源于黑格尔的历史理论相符合。商品的劳动价值取决于 SNLT 的总量，取决于"包含"在它们之中的社会必要抽象劳动时间的总量。"这样一种经济学观念很容易符合作为人类活动'客观化'与'异化'的世界之哲学理念，是相当明显的。"①

第二，也许不太明显的是，"马克思的经济学就像他的哲学，是一种动态的经济学，一种关于运动的经济学"②。在对相对剩余价值的后果进行了复杂的讨论之后，这点是毋庸置疑的。商品的劳动价值下降，同时它们的货币价格上升但实际价格下降。劳动力的价值下降但实际工资和货币工资上升。所有商品的价值下降而它们的量却增加。利润的价值率下降同时剩余价值率上升。

而且，所有这种上升和下降自始至终都在持续进行，资本主义经济组织在扩张和发展，更多的资本得到积累，更多的工人被雇佣，更多的剩余价值被生产和侵占，更多和更新型的商品被制造出来。劳动价值本

---

① Gavin Kitching, *Karl Marx and the Philosophy of Praxis*, London and New York: Routledge, 1988, p. 87.

② Ibid., p. 87.

身当然是时间的衡量标准，或者它们是工人阶级在一定的时间段生产一定量商品所花费的"活劳动"的量的衡量标准。

科琴指出，对马克思自始至终的分析而言，重要的不是这种商品的价值，而是对商品的价值正在发生着什么，即它们是否正在上升或下降。因为正如我们所看到的，如果劳动价值下降，那么商品的量增加且它们的实际价格下降。但如果劳动价值上升，则商品的量下降（即是说，需要花费更多的活劳动力储备去生产任何商品，于是在任一特定的时间段内只能生产更少的商品）且它们的实际价格上升。那么在此意义上，马克思的经济学就是他的哲学和历史学的一部分。所有的都是运动，所有的都是变动，不论是在世界本身之中，还是在对世界的思考（想象）之中。

最后，关于马克思的经济理论，科琴归纳出 6 点，并认为如果马克思的经济理论被认为是正确的，则这 6 点必须要得到证明。

1. 所有商品在长时期内确实一般按其价值进行交换。

2. 劳动力确实按其价值进行交换。

3. 劳动力是唯一一种能够生产较自身更大价值的商品。

4. 只有活劳动力（只有 V）而非"死的"或"被具体化的"劳动力（C）才能生产利润。

而且，为了坚持"利润率下降趋势的规律"，必须是这样的情况。

5. 随着资本主义的技术进步，它有一种由"相对"剩余价值取代"绝对"剩余价值的趋势。

6. 提高相对剩余价值率确实要求 C 的增长总是大于 V＋S 的增长，

这样$\dfrac{S}{C+V}$就总是下降。

针对这6点，科琴指出，第1点和第2点是无法证明的，第3点和第4点是错误的，在某种意义上第5点是正确的，但它的正确又强烈地表明了第6点是错误的。

第1、第2点，从长远看来，所有商品一般都根据其价值而交换，而劳动力则不是根据其价值而交换。

科琴认为，很难对这两个命题的合理性做出解释。

一方面，在现实世界中很难找到马克思意义上的可衡量的价值。实际每年生产出的商品数以百万计，如果要对其价值进行衡量，那么工作量可能远远超出世界上运算能力最强的电脑所能完成的范围。此外，马克思对价值的定义也决定了其不可能在现实中得到衡量。马克思认为，任何商品的价值都是由包含在其中的"社会必要抽象劳动时间"的数量所决定的。但问题在于，在实践中是不可能找到一个固定的方法来对不同类型的劳动或不同等级的技术进行抽象劳动时间的概括。另外，如果在现实世界中我们都不能了解商品的价值是什么，那么我们又如何能够了解"价值决定价格"意味着什么？因为存在于现实的资本主义经济中的是商品的价格并不是商品的价值。

另一方面，马克思主张，只用"供需关系"是不能将相对价值的长期趋势解释为一种经济学中生产成本解释方法的变体。例如，精准的汽车导航需求量增加，潜艇的需求量下降，但潜艇的价格总是比汽车导航的价格高。因为，在生产成本经济学中关注的是某一时间点上所有商品的最小生产成本。不同商品的最小生产成本是不同的，复杂和庞大的商品生产成本总是会高于简单小巧的商品的生产成本。不可否认，商品的需求减少和供应增多的确能够推动商品的价格暂时低于其最小生产成本，但如果在现实的市场竞争环境下，这一现象持续很久，那么生产该商品的公司可能就会面临破产。这样，该商品的供应自然减少，其价格也会超过平均生产成本。总之，生产成本趋向于在商品价格的变化中设置广义上能够仅受供需影响的价格"最高值"和"最低值"。

最后还需要注意的是，经济理论中存在一个理论上以非货币方式来衡量产品的传统。该传统主张用商品的实际数量而不是劳动价值来衡量商品，根据一商品中包含的其他产品的实际数量的量来表示商品的实际价格。这对经济学家而言是在现实世界中无法应用的方法。现实世界中生产出成千上万不同的商品是不可能以这样的方式直接物物交换的，只能通过使用它们共同的经济度量衡货币来相对于另一商品而定价。

总之，科琴认为在现实世界衡量劳动的价值是不可能的。像其他古典经济学家一样，马克思也希望通过包含在商品中的劳动时间的数量的方式来衡量商品和服务的生产。但马克思同李嘉图等人一样，都知道这在实际上是一个并不可行的方式。从衡量劳动价值的"技术"困境以及为了衡量价值而发现替代价格的可能性这两点考虑，马克思选择劳动价值作为经济核算方法，可以说是多余的。因而，第 1 点和第 2 点是无法证明的。

第 3、第 4 点，劳动力是唯一能够生产比自身价值更大的价值的商品，所以只有 V 才能产生 S，而不是 C。

科琴指出，马克思的理论意图"证明"一切利润或仅仅货币形式的利润是来源于额外的或未支付薪酬的劳动时间。换言之，他的理论意图证明"资本"或资产阶级作为一个整体，只能通过剥削工人阶级的活劳动来获得剩余产品，进而将其用于投资和扩大再生产。马克思的论证基本上是通过资本主义生产过程的两个阶段呈现出来的。在《资本论》中马克思从两个方面对资本主义生产进行了构想。科琴以图表的形式对此作了阐释。

表1   马克思将资本主义生产表示为物质过程

活劳动和机器（"投入"）		商品（实际"产出"）
"过去的"活劳动和"过去的"机器	物质生产	"现在的"机器
"现在的"活劳动和"现在的"机器		"现在的"工人生存必需品
"现在的"活劳动和"现在的"机器		"现在的""剩余"产品

首先，马克思通过实际商品和服务来表明资本主义生产是一个物质过程。其次，他让我们相信这是一个经济过程，在该过程中这些实际商品和服务以及生产它们的因素（机器、原材料、工人）都是互相被估价的。在生产过程的物质呈现中，我们必须设想通过一个实际过程生产出的物质商品。在生产过程的经济呈现中，实际生产被认为是完成态的，关键在于如何测量或评估已经生产出的东西。表1中，在物质生产过程中，过去和现在的活劳动同机器一起生产了"现在的"机器、工人的生存必需品和剩余产品。由此可知，当把资本主义生产过程描述为一个物质生产过程时，马克思很乐意承认机器参与了他所说的这三种类型商品的实际生产。

表 2　马克思关于商品的两种计算

价值范畴		商品		价格范畴
"不变资本"	← 以所包含的 SNLT 来计算	机器	以货币或"价格" 来计算 →	"混合资本"
"可变资本"	← 以所包含的 SNLT 来计算	工人的生存 必需品	以货币或"价格" 来计算 →	"工资"
"剩余价值"	← 以所包含的 SNLT 来计算	"剩余"商品	以货币或"价格" 来列举 →	"利润"

　　表 2 不包含任何生产过程。此处箭头仅代表马克思衡量商品生产的两种不同方式，即商品所包含的 SNLT（"价值"）和一定数量的货币（"价格"）。因此，机器就有了一种价值表现（"可变资本"）和一种价格表现（"混合资本"），工人的生存必需品有了一种价值表现（"可变资本"）和一种价格表现（"工资"），经济组织的剩余商品有了一种价值表现（"剩余价值"）和一种价格表现（"利润"）。

　　表 1 和表 2 的呈现就产生一个问题，如果机器参与了包括剩余商品在内的所有商品的实际生产，而且剩余商品可以用货币形式和价值形式来计算，那么为什么机器没有产生剩余价值或资本主义的货币利润呢？马克思之所以否认机器产生剩余价值和利润，那是因为马克思否认不变资本（机器中包含的 SNLT）产生了剩余价值（剩余商品中包含的 SNLT）。

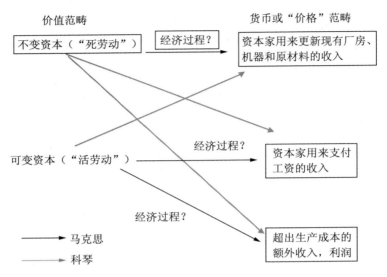

图1 资本主义生产中的"价值"和"价格"的关系

科琴在图1中呈现的是《资本论》第一卷中剥削理论的逻辑。图1中的箭头用于表示"经济生产"。科琴对马克思所表达的经济生产关系存在一些困惑。科琴引用马克思在《资本论》中的一些表述来说明自己的困惑。

"生产资料只有在劳动过程中丧失掉存在于旧的使用价值形态中的价值，才把价值转移到新形态的产品上。它们在劳动过程中所能丧失的最大限度的价值量，显然是以它们进入劳动过程时原有的价值量为限，或者说，是以生产它们自身需要的劳动时间为限。因此，生产资料加到产品上的价值决不可能大于同它们所参加的劳动过程无关而具有的价值。不管一种劳动材料，一种机器，一种生产资料怎样有用，如果它值150镑，比方说，耗费500个工作日，那么它加到用它制造的总产品上去的价值就决不会大于150镑。"①

————————

① 《马克思恩格斯文集》第5卷，239页，北京，人民出版社，2009。

　　这段引文的第一句似乎是在说生产资料"将价值转移到"新的产品中是某种发生在劳动过程中的经济事件，但是在引文的后两句却将此呈现为商品的计算过程而非生产过程。由上述引文我们可知，一个价值 500 个工作日 SNLT 的机器不能使其生产出的产品的价值多余 500 个工作日的 SNLT。假设这个机器，值 500 个工作日的 SNLT，正如马克思所说，"从进入工作场所那天起到被扔进废品库那天止"①生产了 50 万个商品，那么，根据马克思的计算，其仅将一天中千分之一的 SNLT 转移到每一个商品中（即近似于每个产品值 1.24 分钟）。因此，人们可以从中推断出机器不能给它所生产的商品增加任何额外的价值，一个机器只能将包含在自身的价值"转移"到那些商品中。因此马克思说，只有活劳动才能增加商品的价值，表 3 所表达的就是这种观点，下面的这段引文更清楚地对此作了阐述。

　　　　劳动过程的主观因素，即发挥作用的劳动力，却不是这样。当劳动通过它的有目的的形式把生产资料的价值转移到产品上并保存下来的时候，它的运动的每时每刻都形成追加的价值，形成新价值。假设生产过程在工人生产出他自己的劳动力价值的等价物以后就停下来，例如，他劳动 6 小时加进 3 先令价值。这个价值是产品价值超过其中由生产资料价值构成的部分而形成的余额。它是在这个过程中产生的唯一的新价值，是产品中由这个过程本身生产的唯一的价值部分。当然，它只是补偿资本家在购买劳动力时预付的，

———————————

① 《马克思恩格斯文集》第 5 卷，236 页，北京，人民出版社，2009。

工人自身在生活资料上花费的货币。就已花费的 3 先令来说，这 3 先令的新价值只是表现为再生产。但它是真正再生产出来的，不像生产资料的价值只是表面上再生产出来的。在这里，一个价值用另一个价值来补偿是通过创造新价值来实现的。然而我们已知道，劳动过程在只是再生产出劳动力价值的等价物并把它加到劳动对象上以后，还越过这一点继续下去。为再生产出这一等价物，6 小时就够了，但是劳动过程不是持续 6 小时，而是比如说持续 12 小时。这样劳动力发挥作用的结果，不仅再生产出劳动力自身的价值，而且生产出一个超额价值。这个剩余价值就是产品价值超过消耗的产品形成要素即生产资料和劳动力的价值而形成的余额。[①]

科琴指出，马克思这里并未将"不变资本"的计算过程应用到活劳动上，假如他这么做了，则可以很轻易地推导出活劳动也不增加价值这一结论。例如，假设一个给定的劳动者的"劳动力价值"是 500 个工作日的 SNLT。如果现在他在工作时间内可生产 50 万件商品，那么人们就可以准确的得到和上面机器例子一样的结论，即劳动者仅将他自己劳动力中 1.24 分钟的价值转移到每件商品中，也就是说活劳动并没有增加商品的价值。

通过围绕图 1 和这两段引文的分析，科琴指出，马克思如果以计算机器价值的方式来计算劳动力的价值，那么就会得出矛盾的结论，即机器和人都不能增加商品的价值，这样就无法解释剩余价值的存在了。然而，马克思如果以计算活劳动价值的方式来计算机器的价值，那么就不

[①] 《马克思恩格斯文集》第 5 卷，242 页，北京，人民出版社，2009。

得不承认机器的确增加了商品的价值，因此机器同活劳动一起产生了剩余价值。如果马克思在机器上适用一种计算过程，在活劳动上适用另一种计算过程，那么他只是在论证方式上出现了矛盾，这并不存在其他经济的合理性。

科琴认为，为了摆脱这一困境，马克思显然应该采取第二种方式（正如科琴在图1中所标出的那样），即承认机器同活劳动一起增加了商品的价值，产生了剩余价值和利润。因为这符合表1所呈现的马克思主义资本生产的物质表现形式和表2所呈现的商品价值和价格的计算，而且从马克思的经济理论观点来看，这也是正确的解决方式。因此第3、第4点是错误的。

第5、第6点，在相对剩余价值逐渐取代绝对剩余价值的过程中，资本主义发展中C的增速总是快于V＋S，这导致了利润率的下降。

从前文的分析已知，马克思通过"相对剩余价值"将他的剥削理论同资本积累理论联系了起来。相对剩余价值这个概念引出了利润率下降趋势的规律，因为根据马克思的说法，为了持续地提高相对剩余价值率，C增加的速度必须快于V＋S，因此即使剩余价值率上升了，利润率也一定会下降。而这一"规律"的重要前提是C不能产生S，即不变资本不能产生剩余价值，关于第3、第4点的分析已证明这个前提是错误的，因此这个"规律"并不能成立。此外，这个"规律"还存在其他缺陷，尤其是马克思忽视了自己提出的"相对剩余价值"概念中的一些含义。

根据马克思的论证，资本家在面对工作日减少的状况时，由于竞争的驱使他们会给工人配备生产率更高的机器来让工人在一定时间内生产更多的商品，以此来获得相对剩余价值。但是，马克思又指出，资本家只能通过快速增加C的量，即增加包含在诸如机器、厂房、设备和原材料等生产资料的量，以此来降低 $\dfrac{S}{C+V}$。科琴对此提出质疑，他认为根据马克思的上述观点，难道专门生产设备、机器、原材料等的资本主义工厂就不能自身提高相对剩余价值吗？如果这些工厂也给他们的工人配备更高生产率的机器，那么不变资本的价值将下降，其实际产量将增大。由于马克思计算 $\dfrac{S}{C+V}$ 是在以 SNAL 的形式计算不变资本 C 的价值而非实际产量的价值，因此发生在不变资本上的持续快速的技术变革可能会完全颠覆马克思利润率下降的规律。然而，马克思在《资本论》第三卷中讨论延缓利润价值率下降的"反作用"时，似乎又承认这是可能的。"不变资本各要素变得更便宜"就是五种"反作用"之一，马克思在第三卷中做如下表述：

> 例如，一个欧洲纺纱工人在一个现代工厂中加工的棉花量，同一个欧洲纺纱业者从前用纺车加工的棉花量相比，是极大地增加了。但是加工的棉花的价值，并不和它的量按同一比例增加。机器和其他固定资本的情况也是这样。总之，使不变资本量同可变资本相比相对增加的同一发展，由于劳动生产力的提高，会使不变资本各要素的价值减少，从而使不变资本的价值不和它的物质量，就是说，不和同量劳动力所推动的生产资料的物质量，按同一比例增加，虽然不变资本的价值会不断增加。在个别情况下，不变资本各要素的量，甚至会在不变资本的价值保持不变或甚至下降的时候增加"①

---

① 《马克思恩格斯文集》第 7 卷，262 页，北京，人民出版社，2009。

　　这段引文表明马克思如何理解只有在"个别情况下","不变资本的量会在不变资本的价值保持不变化或甚至下降的时候增加"。马克思在《资本论》和《政治经济学批判大纲》中关于自动化生产的一些评论和推测也表明,他赞同资本主义企业持续引进新的更高生产率的机器,因为这是市场竞争的结果。此外,马克思也承认企业可以通过技术创新而提高剩余价值率,进而获得一段时期利润率的增加。但是马克思也提到,当其他企业采用同样的创新方式时,这一优势很快就消失了,所以企业要把利润率降低到"平均"利润率以下;所有这些由追逐额外利润引发的"竞争性创新"的最终结果是提高了个别部门和整个经济的不变资本的价值。相对于 V 和 S,增加 C 能降低整体的利润率,这适用于经济体系中的所有企业。由此可知,马克思认为资本家受竞争驱使所做这种技术变革是出于自身利益的短期考量,从长远来看,资本家的这种作为对整体利益造成了极大的损害。但资本家的阶级属性决定了其必然会将个人利益放在集体利益之前,因而他们不能从总体上停止这种自我毁灭的方式。

　　基于上述两点缺陷,科琴认为第 5 点的正确恰好证明了第 6 点是错误的。

三、实践哲学和古典经济学的精妙融合

　　通过对《资本论》中主要的经济假设作出分析,科琴认为马克思以一种方式将其实践哲学同经济理论融合在一起,马克思认为这种融合对其

实践哲学和经济理论都是有益的，科琴却指出这对二者都是有损伤的。科琴给出一段引文：

> 工人把一定量的劳动——撇开他的劳动所具有的特定的内容、目的和技术性质不说——加到劳动对象上，也就是把新价值加到劳动对象上。另一方面我们发现，被消耗的生产资料的价值又成了产品价值的组成部分，例如，棉花和纱锭的价值包含在棉纱的价值中。可见，生产资料的价值由于转移到产品上而被保存下来。这种转移是在生产资料转化为产品时发生的，是在劳动过程中发生的。它是以劳动为中介的。然而它是怎样进行的呢？
>
> 工人并不是在同一时间内劳动两次：一次由自己的劳动把价值加到棉花上；另一次保存棉花的旧价值，或者说，把他所加工的棉花和使用的纱锭的价值转移到产品棉纱上。他只是由于加进新价值而保存了旧价值。但是，把新价值加到劳动对象上和把旧价值保存在产品中，是工人在同一时间内达到的两种完全不同的结果（虽然工人在同一时间内只劳动一次），因此很明显，这种结果的二重性只能用他的劳动本身的二重性来解释。在同一时间内，劳动就一种属性来说必然创造价值，就另一种属性来说必然保存或转移价值。
>
> 每个工人怎样加进劳动时间，从而加进价值呢？始终只能通过他特有的生产劳动方式。纺纱工人只有通过纺纱，织布工人只有通过织布，铁匠只有通过打铁，才能加进劳动时间……劳动作为这种有目的的生产活动，纺纱、织布、打铁，只要同生产资料接触，就使它们复活，赋予它们活力，使它们成为劳动过程的因素，并且同

它们结合为产品。"①

　　为了清楚地理解马克思引文中的含义，科琴设想一个劳动者站在一个织布机旁生产棉布衣服，衣服随着他的操作而从织布机中生产出来。作为旁观者，我们会看到工人在织布机上将棉线织成衣物。但根据马克思引文的表述，与此同时还发生了另外的事情：纱线和织布机的"价值"转移到了棉布衣服上。此外，织工的劳动创造新价值，并将其赋予到产出的衣物上。科琴认为，理解衣物的实际生产过程并不难，难的是如何理解上述价值转移和价值创造的过程，因为这个过程不是一个实际的物质过程，它是通过阅读马克思的《资本论》而对实际生产过程的一种思考性理解。然而，马克思的表述却没有给读者一种易于理解的方式，他在写到价值的"保存""转移""创造"和"增加"时，好像这些就是作为实际生产过程的一部分而发生在工厂中一样。这样读者会认为由于不能通过感官感知价值的"保存""转移"和"增加"，因此这些现象是想象出来的，并不存在于经济理论中。科琴指出，经济理论中的"价值分析"引发不必要的复杂情况，产生了不可测量的量，引出"机器和其他生产工具不能产生利润"这一具有争议的经济结论，但这并不是从价值不具备哲学意义或价值只是一种概念化生产的手段推断出的。

　　科琴进一步提出，对马克思而言劳动价值的哲学用途是什么，其服务于什么样的目的？为了回答这个问题，科琴给出了第二段引文，

---

① 《马克思恩格斯文集》第 5 卷，232—233 页，北京，人民出版社，2009。

机器不在劳动过程中服务就没有用。不仅如此，它还会受到自然的物质变换的破坏力的影响。铁会生锈，木会腐朽。纱不用来织或编，会成为废棉。活劳动必须抓住这些东西，使它们由死复生，使它们从仅仅是可能的使用价值转化为现实的和起作用的使用价值。它们被劳动的火焰笼罩着，被劳动当做自己的躯体加以同化，被赋予活力以在劳动过程中执行与它们的概念和使命相适合的职能，它们虽然被消费掉，然而是有目的地，作为形成新使用价值，新产品的要素被消费掉，而这些新使用价值，新产品或者可以作为生产资料进入个人消费领域，或者可以作为生产资料进入新的劳动过程。①

科琴认为，这段引文可以作为对他所提出的问题的一种回应。马克思说，"活劳动"必须"抓住"实际生产资料，"使它们死而复生"；铁、木、棉纱等必须"被劳动的火焰笼罩着"，它们必须"在劳动过程中执行与它们的概念和使命相适合的职能"，因为只有以这种方式它们才能"可以作为生产资料进入新的劳动过程"。对马克思而言，劳动力是"一个人的身体即活的人体中存在的、每当他生产某种使用价值时就运用的体力和智力的总和"②，只有人类能够在世界上自行、自主地生产实体，人类的劳动力是唯一的创造力。当我们把劳动力理解为一个哲学概念时，《资本论》就同马克思的实践哲学联系在一起了。马克思和恩格斯认为，

---

① 《马克思恩格斯文集》第 5 卷，214 页，北京，人民出版社，2009。
② 同上书，195 页。

解决李嘉图经济学的问题就是将资本主义制度下工人出售的内容理解为"劳动力"而不是"劳动"。但科琴认为，作为一个经济理论的工具，在劳动和劳动力之间做区分似乎是多余的，或者马克思对此并未阐释清楚。但如果将"劳动力"看作一个哲学概念而非一个严格的经济学概念，问题就不存在了。因为对马克思而言，人类的本质是能进行创造性活动，那么当人类出售其劳动力使自身的劳动力变成一个商品时，人类几乎是出卖了自己的灵魂。这就在马克思的经济理论中体现出他在哲学层面上对资本主义的强烈反对。

总之，马克思经济学中所有真正的基本问题都来源于他把自己的实践哲学和相关的历史哲学同以劳动价值理论为代表的古典政治经济学融合在了一起。事实上，马克思第一次发现古典政治经济学时（在 19 世纪 40 年代中期），他认为他在"科学"领域发现了他哲学体系的完美补充，特别是，他认为一个把所有商品都视作包含各种人类劳动的经济学，是对一个把世界和思想都是做人类互动"客观化"的历史理论的完美补充。但科琴已经论证了马克思这种想法是错误的，古典政治经济学并不是他实践哲学的完美补充，尽管古典经济学也使用了看起来同马克思实践哲学相似的概念，但这些概念的含义是不同于马克思哲学的概念的，因此，古典政治经济学并不是马克思实践哲学的完美补充。

为了拯救马克思哲学和经济学混合在一起所带来的问题，科琴提出根据实践哲学来解决这种混乱。首先应从实践哲学的角度出发，对马克思的经济学提出几个疑问，马克思的经济理论为了实现什么目标？马克思经济理论的关键是什么，马克思想用它解决什么？其次科琴举出四个马克思希望通过他的经济理论得以证明合理性的命题，并一一对这四个命题做出真假辨析和其对劳动价值理论依赖程度的分析。

命题一，活劳动在历史上是先于机器和其他生产资料的。有人类的时候可以没有机器，但没有人类就没有机器。人类制造、发展并使用了机器。

科琴认为，这个命题是完全真实的。但其真实性并不需要建立在以劳动时间来测量商品的价值，或者否认机器和其他生产资料在资本主义体系内产生实际剩余产品和利润的基础上。

命题二，在宏观经济层面，利润不能被仅仅解释为产品货币价格超过产品货币消耗。个人企业和个人资本主义经济能够以这种方式获利，但是世界资本主义体系作为一个整体，如果要维持其整体利润、财富的真实积累和物质水平的提高，则必须生产一种持续增加的人均实物产品。

科琴认为，这个命题不仅真实而且非常重要，该命题是很多现代"新李嘉图主义"经济学家的基本命题（实际上这是李嘉图在自己的经济学中提出的主要观点）。但在资本主义体系中，尽管净利润的确是一种持续增加的人均实物产品，但在经济逻辑或实践证据中都没有理由将剩余价值简单视作活劳动的产物。剩余价值是和活劳动和生产资料——特别是机器，一起生产出来的。

命题三，资本家对利润没有任何权利。

科琴对这一命题的看法是，马克思为了否定资本家作为一个阶级有权利以利润的形式积累私人财富，那么他必须否认像厂房、机器、原材料这样的资本产生了剩余价值。但这就好比杀鸡用牛刀，运用大量经济理论来解决很小的政治问题。人们或许非常认同实际资本是多产的，但人们否认资本家有权利将其作为私人财产。在资本主义的当前阶段，企业和金融资本都高度发展，资产的合法权常常与资产的控制权和管理权相分离，当下比马克思所处时代更容易做到对利润的私人占有。实际上，马克思在《资本论》中还有一个观点，即"资本"是一个巨大的社会力量，需要数以千万计人的彼此相互影响的活动，但是社会力量却是私人占有的。这一观点在今天比在 19 世纪显得更真实，因此今天关于"资本社会化"的呼声也比以往更加强烈。

命题四，资本的社会力量和政治力量是人类过去和现在活动的产物的一个完美示例，它们成为一种异化力量控制并压迫这些一直对其进行生产和再生产的工人阶级。

科琴认为这是一个重要且广义上真实的命题，但人们也不需要用劳动价值理论来证明其合理性，因为历史唯物主义最一般的命题就足以证明其合理性。

通过对四个命题的分析，科琴指出马克思希望用《资本论》中的经济理论去证明合理性的大部分命题，事实上这些命题都可以不用那些经济理论就证明其自身的合理性，这一点在命题三那里表现得尤为明显。但是也应注意，类似于"利润只产生于对工人阶级的剥削"这样的命题尽管很贴合马克思的政治思想，但其既不能由马克思的经济理论证明其合理性，也不能由其他经济理论证明其合理性，因为这种命题本身就是错的。

科琴指出，马克思以及当代的一些马克思主义者可能已经发现了这一令人担忧的结论。但是，实践哲学表明，结论是否会令人担忧取决于我们认为可以用这样的命题做什么，如果这样的命题是真的人类实践应该遵循什么，以及如果这样的命题是错的人类实践应该遵循什么。马克思认为，如果这些命题是真的，那么工人阶级发动革命来反对资本主义就有一个额外的且主要的理由。如果是假的，那么就要放弃这个理由了。但是无论工人阶级还是其他人想要这样做还是需要这样做，问题依然存在。

　| 　人类解放的社会革命

在科琴看来，尽管综合马克思的革命观和共产主义理论这两方面的主题，仍无法详尽地阐述其政治观点，但无论如何，马克思的政治观点在他献身于革命和共产主义的背景下，可以得到最好的理解。科琴特别强调，这种分析的重要性超出了其可能具有的或马克思本人的预期；而且，在此问题上，"后几代马克思主义者理解和使用马克思著作的方式可能有点使人产生误解，再一次主要地是因为这些著作被视为静止的和普遍的，而它们本应被理解为动态的和具体的"①。

① Gavin Kitching, *Karl Marx and the Philosophy of Praxis*, London and New York: Routledge，1988，p. 120.

一、革命时期的革命观

科琴认为，无论马克思还是恩格斯，在使用"革命"这一术语上，都是非常广泛和多样的。为了进一步的分析工作，首先有必要表明这种多样性。他认为，马克思和恩格斯关于革命的论述最具代表性的有以下几种：

1. 在 1859 年序言（即为《政治经济学批判》第 1 分册所写的《政治经济学批判·序言》）中我们看到，当生产力的发展受到生产关系的束缚时，马克思提出了一种"社会革命"的可能性。

2. 在 1853 年 6 月 25 日发表于《纽约每日论坛报》上的一篇文章《不列颠在印度的统治》中，我们发现马克思讲，仅仅是英国对印度的殖民征服，就使印度村社"半野蛮半文明的公社"消失，并因此产生了马克思所描述的"结果就在亚洲造成了一场前所未闻的最大的、老实说也是唯一的一次**社会**革命"[①]。

3. 在马克思墓前的讲话中，恩格斯同时提出了作为技术革命的革命（即在科学、生产力并因此在劳动的技术分工方面的革命性变化）和作为社会革命的革命（即一种社会形态被一种新的和更好的社会形态所替代）。

4. 在《共产党宣言》《路易·波拿巴的雾月十八日》和《法兰西内战》中，我们发现马克思和恩格斯使用"革命"这一术语的方式，可能最为紧密地与马克思主义相联系，那意味着对国家政权的武力攻击，由新的社会阶级或组织接管国家政权。

---

① 《马克思恩格斯文集》第 2 卷，682 页，北京，人民出版社，2009。

　　科琴指出，由上述可见，在马克思对"革命"这一术语的使用上，我们面临着大量的不精确和不一致。但是，这种不精确和不一致仅仅是表面上的，如果我们理解马克思和恩格斯生活与写作的历史背景，实际上它们是很容易被解释的。"如果我把这种背景概括为一句话，准确地表述就是马克思和恩格斯生活在人类历史的一个'革命性'时期。如果我们单独看待马克思本人生活的时代，从 1818 年到 1883 年，我们也很容易理解。"①对于马克思和恩格斯所处的这样一个"革命性"时期，科琴概括了五个方面最具"革命性"的特征：

　　第一，在拿破仑最后战败仅三年后，马克思出生了。他出生在属于欧洲一部分的莱茵省，这里曾经在 1793 年被法国革命所征服，并作为革命的、拿破仑的法国的一部分被管理了 22 年。结果，马克思出生的城市——特利尔，以及莱茵省的其他地区，被拿破仑所带来的社会、政治、法律方面的变化广泛地影响，这些变化至少在一定程度上反映出 1789 年法国大革命自由和激进的观念，这些观念是拿破仑帝国所宣传要继承的。

　　第二，马克思成年时，英国通过工业革命达到了它国际经济统治地位的最高点。1849 年，他永久性地迁居英国，这个国家仅在两年后就自称为"世界工厂"，并举办了首届工业品博览会。此后他一直生活在首次工业革命的故乡。

　　第三，法国的政治体制在 1830 年发生了重大变革。这正发生在随

---

　　①　Gavin Kitching, *Karl Marx and the Philosophy of Praxis*, London and New York: Routledge, 1988, p. 121.

着拿破仑的军事失败和法国旧君主制的复辟，更为保守的欧洲各国政府
认为法国大革命精神已不复存在的 15 年之后。紧接着是 1848 年更进一
步革命性政治变革的尝试，不仅发生在法国，而且发生在德国、意大
利，当时英国工人和手工业者的宪章运动似乎也在挑战国家政权。然
后，在 19 世纪 50 年代和 60 年代一段平静期后，法国又发生了一次革
命性剧变(1871)，短时间内产生了巴黎公社，这个机构深刻地影响了马
克思后来关于社会主义和共产主义的理论。

第四，在马克思的一生中，始于英国的社会工业化和城市化，开始
慢慢自西向东在欧洲蔓延。在它蔓延到的每个国家，大量的社会主义运
动开始出现，而从 19 世纪 50 年代开始的这些运动常常受到马克思观点
的影响。

第五，马克思见证了自然科学的重大的("革命性的")进步，尤其是
化学、物理学和生物学。也许在这些进步中最值得注意的就是 1859 年
达尔文《物种起源》的出版，马克思认为它从任何意义上说都是"革命性
的"，不仅在科学的内容上，而且在社会、政治与宗教的含义上。而且，
在马克思生活的时代，这些科学进步开始被应用于工业和农业生产，健
康与医药，住房与公共卫生，人类营养。总的来说，在马克思去世时，
欧洲相当比例的人口活得更长、更健康，在衣、食、住方面较马克思出
生时的 1818 年更好。当然，相较于马克思出生时，更大比例的人口居
住在城市，尤其是工业城市。

科琴总结说，正是在这样的历史与时代背景下，马克思与恩格斯对
革命的深刻内涵进行了全面的阐述。科琴指出，"如果马克思的革命概
念是不断变化且多层次的，那是因为它尽力要抓住的这个进程是不断变

化且多层次的"①。马克思和恩格斯关于革命的内涵是多层次的看法，表明存在不同方面或不同类型的革命以及不同类型的革命之间的关系，如科学、工业方面的革命与社会、政治方面的革命之间的关系，这些关系困扰了马克思和恩格斯一生。马克思和恩格斯确信在这两种不同形式的革命之间，存在着而且必然存在着某种联系。对他们来说这不是一个简单的巧合，即工业革命的世纪同样是这样一个世纪——在欧洲看到的政治革命和尝试过的革命比各大洲先前所有时期加起来看到的更多。

在科琴看来，马克思和恩格斯的观点是，在封建制欧洲的早期，"生产力"在封建主义"生产关系"下缓慢增长；同时，新的社会阶级（"资产阶级"）通过这一进程牺牲地主阶级的利益而逐渐获得经济权。然而，这种经济权最初与已经增长了的政治权并不相称，因为政治权仍然趋向于被旧地主所垄断，于是，从 17 世纪起，欧洲各国资产阶级开始进行"资产阶级革命"以反对旧统治阶级。有时这一进程是逐步的、和平的，就像在英国所开始的（因为资产阶级在那里首次发展和壮大）。然而有时这一进程是突然的、暴力的，正如 1789 年在法国所发生的那样。但在所有情况下，目标是相同的，即推翻或急剧地削弱旧地主统治阶级的权力，并改变那种权力运行其中的国家形态。

马克思在有生之年看到，这一资产阶级革命进程一直在继续。他希望并预计其结果将会是他称之为"资产阶级民主政治"的国家形态替代"绝对的君主制"。换言之，他希望在自己的有生之年看到整个欧洲这种

---

① Gavin Kitching, *Karl Marx and the Philosophy of Praxis*, London and New York: Routledge, 1988, p. 123.

国家的终结——在这样的国家中世袭的国王、王后和王子被上帝意志"完全地"统治（君权神授），或者根本没有公众选举政府的传统，或者这样的选举被地主阶级独自有效地限制起来（正如在 18 世纪的英国）。马克思希望并预计通过"资产阶级革命"的进程，这些类型的国家将被"资产阶级民主国家"所替代，这样的国家由在广泛或普遍的人民选举权基础上选举产生的政府进行通知并对某种形式的民众议会负责。这样的国家同样具有其他的"资产阶级自由"，诸如法律面前的平等，出版自由，演讲和集会自由，等等。

科琴认为，在青年时期，直到大约 1848 年，马克思对于这样的资产阶级革命在欧洲快速地实现是持相当乐观的态度。在 1844 年《黑格尔法哲学批判》中，他相当乐观地写到，欧洲各国的民主化程度将会简单地随着其人民普遍选举权的实现而至。而且，在整个早期阶段，马克思关于资产阶级革命的观点深深地受到 1789 年法国大革命的影响。换句话说，他倾向于把它设想为一种突然的暴力剧变。

但是，从 1848 年开始，马克思对于欧洲这种资产阶级革命的前景和期望变得越来越不确定。因为 1848 年欧洲旨在废除"专制主义"统治者的大多数革命的普遍失败，特别是在德国革命的彻底失败，向马克思和恩格斯提出了一个问题。这个问题来自非常相似的历史进程，这一进程曾经使马克思对资产阶级革命给予如此的期望。因为在前工业化的欧洲，资产阶级的兴起只是复杂的历史进程的一部分，这一进程还有另一个阶级维度——工业无产阶级或工人阶级的产生。

在科琴看来，在更为乐观的时候（例如，在《共产党宣言》中），马克思对这两个阶级维度关系的认识，是非常明确的。资产阶级首先进行革命以反对地主阶级及其"专制主义"国家。这种进程可能是逐步的或突然的，和平的或暴力的，但是为了使其发生，资产阶级需要工人阶级的帮助，因为仅靠其自身的力量还不足以完成反对旧统治阶级的革命。马克思预料资产阶级通过对普遍选举权的承诺赢得工人阶级的支持。通过这样的方式，资产阶级民主将在整个欧洲建立，它以普选的政府和广泛的公民自由而不同。然而，资产阶级民主只代表这一革命进程的第一阶段。因为一旦被给予政治权利和自由去从政治上组织自身，工人阶级——开始意识到它共有的物质状况和共有的剥削——将会利用资产阶级民主提供的公民自由去进行自己的革命以反对资产阶级并实现向社会主义和共产主义的转变。但 1848 年的经历向马克思和恩格斯昭示出对这种简明的两阶级的观点又一种重要的"理解"。因为 1848 年的经历，特别是在德国，同样在法国和意大利（以略微不同的方式），似乎揭示了欧洲资产阶级确实意识到了随后的"无产阶级革命"的危险，实际上他们非常害怕工人阶级上升的力量，这种警惕性甚至超过了其对旧地主统治阶级（或他们统治的"专制主义"国家）的提防。

换言之，马克思和恩格斯把 1848 年西欧的经历解读为：一般情况下，欧洲资产阶级实际上准备接受一种相对于旧统治阶级而言从属的政治地位，作为交换他们免于（在专制主义国家强制下）成为工人阶级这一需求。如果"资产阶级民主"政治的与公民的自由完全实现，仅仅是继续创造完美的条件以使欧洲工人阶级在政治上组织起来反对他们，那么欧洲的资产阶级将宁可根本不要一种完善的资产阶级民主。他们宁可在某种混合形式的非民主国家中寻求与旧统治阶级的调和。

但是，这并不是马克思早期关于未来的乐观看法仅有的问题。因为，随着马克思和恩格斯在英国成长至成年并进入老年阶段，他们看到了一个较世界上任何别的地方"生产力"已经发展到更高点的社会（即是说，1859年序言中明确说明的社会革命的必要条件已经满足）。由于在这里资产阶级无疑是执政的，存在着比世界上其他大多数国家更为发展的"资产阶级民主"，因此，工业工人阶级较欧洲其他大部分地方更为庞大和更好地在政治上被组织起来。然而，英国的工人阶级似乎对进行进一步的"无产阶级革命"一点也不感兴趣。马克思和恩格斯对此表示了持续的失望，对它列举出了不同的解释：从爱尔兰的英国殖民主义发挥的作用和在保持工人阶级政治划分上反对迁入的爱尔兰工人的偏见发挥的作用，到技术工人中的"劳动特权阶级"（用恩格斯的话说）的兴起——他们相对地享有特权并对那个阶级进行了一种非常保守的领导。

在以上分析的基础上，科琴作了总结，无论如何，对于重构马克思早期乐观主义的关于欧洲革命进程的计划，所有这些复杂性和发展是很重要的。特别是：

1. 1848年欧洲资产阶级的"懦弱"把马克思和恩格斯引向这样一种观点（从19世纪60年代开始）：在大部分欧洲，可以说在"继续进行"随后的走向社会主义和共产主义的革命之前，工人阶级自身也许不得不进行"资产阶级革命"（那是反对专制主义、为了民主的国家形态的革命）。

2. 欧洲资产阶级向专制主义的调和，随后在法国、德国和意大利发生的示威游行，对普选权的承认但权力依然掌握在旧君主国和特权阶级的手中，这些因素致使马克思和恩格斯相信国家形态在本质上是一个非常重要的课题。1871年，马克思在《法兰西内战》中认为，欧洲的工人阶级要想真正赢得权力，就不能仅仅满足于推翻现存的国家形态，而是必须要"打碎"它然后自己重建国家机构。显然，这一结论深受 1871 年巴黎公社的经验的影响。

最后，还有更进一步的两点需要处理。第一点是关于暴力的作用。在马克思的设想中，暴力在"社会革命"中起什么作用？这个问题的答案，至少在原则上是非常简单的。马克思和恩格斯在暴力的作用问题上完全是讲求实效的。大体上讲，如果或者(a)对于工人阶级以一种开放的或合法的方式在政治上组织起来而言，没有"资产阶级"国家政治的或公民的自由，或者(b)这些自由只是形式上存在但任何在这种组织上的努力实际上被暴力地镇压，那么工人的秘密组织和革命的暴力方式，就是必要的和正当的。马克思和恩格斯也是几个这样的德国工人秘密组织的创立者和成员。

然而，在任一特定的情况下，如果有一个很好地建立起来的资产阶级国家，且有政治和公民自由的真实传统，那么工人阶级就能够并将利用这些传统和制度去和平地、合法地进行"社会革命"。当然，至少在理论上，这与根本上利用这种合法的方式"打碎"和重建国家机构是不一致的。

在 1872 年 9 月阿姆斯特丹所做的一次演讲中，马克思自己以非常完善的方式简单而直接指出了这点："我们知道，必须考虑到各国的制度、风俗和传统；我们也不否认，有些国家，像美国、英国，——如果我对你们的制度有更好的了解，也许还可以加上荷兰，——工人可能用和平手段达到自己的目的。但是，即使如此，我们也必须承认，在大陆上的大多数国家中，暴力应当是我们革命的杠杆；为了最终地建立劳动的统治，总有一天正是必须采取暴力。"①

这样，对马克思和恩格斯来说，重要的是其结果，即走向一种新的、更好形式的社会——社会主义和共产主义——的"社会革命"的产物；手段是一个次要的问题。但是，在晚年，他们似乎更喜欢和平的而不是暴力的手段，在他们的判断中，这样的手段获得成功，存在一种真实的可能性。

但是，在马克思和恩格斯所处的时代及自此之后，人类历史不断地提出了有关暴力作用的另一问题，这个问题可能使读者困惑，因为如果诉诸暴力，即使在没有根本转变的情况下，这样的手段不仅仅导致广泛蔓延的痛苦与死亡，同时预期的目标又没有实现。

科琴认为，马克思和恩格斯对这一问题的回答是相当直接的。因为他们都知道，仅从1789年法国大革命的经验来看，并没有这样的"必然发生"。实际上，在《共产党宣言》中，马克思指出，先前所有的阶级斗争都以"整个社会受到革命改造或者斗争的各阶级同归于尽"而告终。在任一特殊情况下，是否值得冒险"同归于尽"是人类判断的事情。它依赖于一种估计，对所包含风险、斗争的各种社会力量的力量对比、接受现状的社会与人类代价等的估计。这些判断是相当严肃的，它们必然需要对包含着沉重的道德与政治的决定承担责任。但是，马克思和恩格斯认为，这样的道德与政治责任对于任何意欲成为一名认真的革命者的人来说，是不可避免的。

第二点和最后一点产生于对马克思革命观的争论。因为如果马克思

---

① 《马克思恩格斯全集》第18卷，179页，北京，人民出版社，1964。

通过"资产阶级民主"和"资产阶级革命"所意指的全部即是对一个颇像现存于北美和西欧社会的革命，对一种社会的民主形式的革命，那么为什么他不简单地说出这点？为什么称它们为资产阶级民主？为什么不仅仅是"民主"？那么，它当然可以退化为那样（这在马克思主义后来的历史上曾经多次重复），但那并非马克思最初使用这一术语的关键点。马克思称"我们的"社会形态为一种"资产阶级"民主有两个原因。

其一，他认为，从历史上看，正是资产阶级反对专制主义的革命行动首先在世界上建立了这样的社会，最先在英国，然后在法国和荷兰。其二，更进一步讲，他认为资产阶级民主的政治与公共机构对资产阶级比对其他任何社会阶级更有益。科琴强调，"比其他任何社会阶级更有益"，不是说他认为这样的机构对其他阶级没有益处，而是说与对资产阶级的益处是不成比例的。于是，如果存在法律面前的平等，但是富人能负担得起最好的律师而穷人全然没有代表为之代言，那么这样的"平等"可能没什么意义；如果存在出版自由，但是只有极少数持有相同观点的人能担负得起创办报纸，那么这样的"自由"也就没什么意义；如果资本家是法律上的自由人，工人同样也是，但是除非被资本家雇佣工人就不能生存，那么双方政党在法律上的平等和自由完美地共存，只能简单地通过一方拥有极大的权力而另一方几乎根本没有权力。

换句话说，马克思和恩格斯认为，资产阶级民主的自由虽真实但有限，因为法律的、政治的和公民的平等与社会的和经济的平等并不对称。因此，社会主义和共产主义的一个首要目标就是要创造经济的与社会的平等，这将使民主自由对社会中的每个人都同等地有意义。这当然表明这样的自由要被坚持，但要通过经济与社会结构的变革来深化和加强。在社会主义和共产主义中，民主自由将不会被放弃或减弱。

二、未来共产主义设想

科琴认为，在马克思看来，资产阶级革命是一场彻底的"社会革命"，它建立了一种新的、更好的社会形态。这种新的社会形态就是"资本主义"社会，它以一种经济生产的工业化模式和（在资产阶级革命完成的地方）民主的政治形式而区别于其他社会。未来的无产阶级革命同样将是一场彻底的"社会革命"，建立一种新的、更高级的工业化生产模式和一种甚至更加民主的政治形式。因此，与这种观点相一致，科琴认为，马克思使用这两个术语是指称作为一个整体的未来的社会形态（它的经济生产模式和它的政治结构）。"于是，最重要的问题就是，这场接下来彻底的'社会革命'将会走向何方？马克思认为共产主义社会将会是怎样？特别是在晚年，马克思一直对绘制这种未来社会的'蓝图'小心谨慎。因为对他来说，这样的蓝图具有19世纪早期英国和法国所谓'乌托邦社会主义'的色彩，对此，他在对法国思想家蒲鲁东的辩论中（1847年马克思的《哲学的贫困》）和《共产党宣言》以及别的地方进行了批判。"①

科琴引用了马克思在去世前两年致费迪南·多梅拉·纽文胡斯信件

---

① Gavin Kitching，*Karl Marx and the Philosophy of Praxis*，London and New York：Routledge，1988，p. 129-130.

中的一段话来说明问题：

> 对未来的革命的行动纲领作纯学理的、必然是幻想的预测，只会转移对当前斗争的注意力。世界末日日益临近的幻梦曾经燃起原始基督徒反对罗马世界帝国的火焰，并且给了他们取得胜利的信心。对于占统治地位的社会秩序所必然发生而且也一直在我们眼前发生着的解体过程的科学认识，被旧时代幽灵的化身即各国政府折磨得日益激愤的群众，以及与此同时生产资料大踏步向前的积极发展——所有这些就足以保证：真正的无产阶级革命一旦爆发，革命的直接的下一步的行动方式的种种条件（虽然决不会是田园诗式的）也就具备了。……我认为，任何工人代表大会或社会党人代表大会，只要它们不和这个或那个国家当前的直接的条件联系起来，那就不仅是无用的，而且是有害的。它们只能在没完没了的翻来覆去的陈词滥调之中化为乌有。①

科琴进一步指出，对未来共产主义社会的设想，马克思并非总是如此谨慎或表示拒绝。首先，在他早期的哲学著作中，我们发现他对作为社会形态的总体描述，在其中人类异化将被消除。其次，马克思在晚年偶尔会被迫去思考社会主义和共产主义的各个方面，例如，劳动分工、经济分配原则或者社会主义下的政府形式。之所以被迫这样做，只是因为随着他的思想越来越具影响，声称要体现其思想的政党和运动在全欧

---

① 《马克思恩格斯文集》第 10 卷，459—460 页，北京，人民出版社，2009。

洲产生，于是他开始处于急切的压力之下，以使社会主义和共产主义更加明确。"因为在遍及欧洲和世界（或者至少是在政治上觉悟的地区）的全部'工人阶级'被认为正在集中所有革命力量，以实现一个目标之后，马克思对此总要说些什么！"①

科琴认为，两个文本对马克思后期关于社会主义和共产主义的观点是非常重要的，即 1871 年的《法兰西内战》和 1875 年的《哥达纲领批判》。

对于《哥达纲领批判》，科琴首先摘出一大段引文，并对其进行了深入分析：

> "我们这里所说的是这样的共产主义社会，它不是在它自身基础上已经**发展了的**，恰好相反，是刚刚从资本主义社会中**产生出来的**，因此它在各方面，在经济、道德和精神方面都还带着它脱胎出来的那个旧社会的痕迹。所以，每一个生产者，在作了各项扣除以后，从社会领回的，正好是他给予社会的。他给予社会的，就是他个人的劳动量。例如，社会劳动日是由全部个人劳动小时构成的；各个生产者的个人劳动时间就是社会劳动日中他所提供的部分，就是社会劳动日中他的一份。他从社会领得一张凭证，证明他提供了多少劳动（扣除他为公共基金而进行的劳动），他根据这张凭证从社会储存中领得一份耗费同等劳动量的消费资料。他以一种形式给予

---

① Gavin Kitching, *Karl Marx and the Philosophy of Praxis*, London and New York: Routledge, 1988, p. 131.

社会的劳动量，又以另一种形式领回来。

　　显然，这里通行的是调节商品交换（就它是等价的交换而言）的同一原则。内容和形式都改变了，因为在改变了的情况下，除了自己的劳动，谁都不能提供其他任何东西，另一方面，除了个人的消费资料，没有任何东西可以转为个人的财产。至于消费资料在各个生产者中间的分配，那么这里通行的是商品等价物的交换中通行的同一原则，即一种形式的一定量劳动同另一种形式的同量劳动相交换。

　　所以，在这里**平等的权利**按照原则仍然是**资产阶级权利**，虽然原则和实践在这里已不再互相矛盾，而在商品交换中，等价物的交换只是**平均来说**才存在，不是存在于每个个别场合。

　　虽然有这种进步，但这个**平等的权利**总还是被限制在一个资产阶级的框框里。生产者的权利是同他们提供的劳动**成比例的**；平等就在于以**同一尺度**——劳动——来计量。但是，一个人在体力或智力上胜过另一个人，因此在同一时间内提供较多的劳动，或者能够劳动较长的时间；而劳动，要当做尺度来用，就必须按照它的时间或强度来确定，不然它就不成其为尺度了。这种**平等的**权利，对不同等的劳动来说是不平等的权利。它不承认任何阶级差别，因为每个人都像其他人一样只是劳动者；但是它默认，劳动者的不同等的个人天赋，从而不同等的工作能力，是天然特权。**所以就它的内容来讲，它像一切权利一样是一种不平等的权利**。权利，就它的本性来讲，只在于使用同一尺度；但是不同等的个人（而如果他们不是不同等的，他们就不成其为不同的个人）要用同一尺度去计量，就只有从同一个角度去看待他们，从一个**特定的**方面去对待他们，例如在现在所讲的这个场合，把他们**只当做劳动者**，再不把他们看做别的什么，把其他一切都撇开了。其次，一个劳动者已经结婚，另一个则没有；一个劳动者的子女较多，另一个的子女较少，如此等等。因此，在提供的劳动相同，从而由社会消费基金中分得的份额相同的条件下，某一个人事实上所得到的比另一个人多些，也就比另一个人富些，如此等等。要避免所有这些弊病，权利就不应当是平等的，而应当是不平等的。

但是这些弊病，在经过长久阵痛刚刚从资本主义社会产生出来的共产主义社会第一阶段，是不可避免的。权利决不能超出社会的经济结构以及由经济结构制约的社会的文化发展。

在共产主义社会高级阶段，在迫使个人奴隶般地服从分工的情形已经消失，从而脑力劳动和体力劳动的对立也随之消失之后；在劳动已经不仅仅是谋生的手段，而且本身成了生活的第一需要之后；在随着个人的全面发展，他们的生产力也增长起来，而集体财富的一切源泉都充分涌流之后，——只有在那个时候，才能完全超出资产阶级权利的狭隘眼界，社会才能在自己的旗帜上写上：各尽所能，按需分配！①

科琴指出，从语气上看，这段引文较之马克思早期有关共产主义的哲学观点，有非常明显的变化，其原因在于马克思长期的政治经济学研

---

① 《马克思恩格斯文集》第 3 卷，434—436 页，北京，人民出版社，2009。

究明显地留下了它的印记，实际上占主导地位的是政治经济学的语言——而非黑格尔哲学的语言。这尤其表现在对经济分配原则更加现实的讨论中，这种经济分配原则将在共产主义社会的第一个阶段占优势，马克思称这个阶段为"社会主义"。马克思告诉我们，在这第一个阶段，社会的经济产品的分配不是基于需要，而是基于所从事的劳动，以及劳动者之间不同的能力，于是这样一种分配原则将意味着在第一个社会主义阶段，工人之间一定程度的经济不平等。

马克思在引文的第一段已经给出了这种不平等的原因。"我们这里所说的是这样的共产主义社会，它不是在它自身基础上已经发展了的，恰好相反，是刚从资本主义社会中产生出来的。"这表明，根据马克思的观点，这样一个社会将"在经济、道德和精神方面都还带着它脱胎出来的那个旧社会的痕迹"。换句话说，马克思是在预测，在资本主义社会出生和养育的人——包括工人阶级，即使当他们尽力促成向共产主义的转变时，将仍然具有资本主义社会的价值观念。

科琴认为，这同样是为什么依据所从事劳动的分配原则将在共产主义的第一阶段占优势的原因。它将不得不被采用，因为在这种转变的形势下它是大多数人认为"公平"或"正义"的原则。实际上，在反对资本主义的斗争中它对于加强明确依据工作的经济分配的公正是必需的，因为这不是在资本主义制度下占优势的原则（在资本主义制度下，收入的分配是依据所拥有的财富和财产）。这样，在共产主义的第一阶段（它可能持续很长时间），大多数人不准备超出基于所从事劳动的经济分配原则，实际上认为这是正确的和正义的（在能力上特定的、天然的不平等），即使它导致某些经济不平等。

但是，在共产主义的第二阶段即"高级"阶段，这条原则将被丢弃，社会将"在自己的旗帜上写上：各尽所能，按需分配！'"换言之，在高级阶段，在物品与服务的分配上只有个人的物质与社会需要将被考虑。这个目标将保证那些需要被平等地满足，因为所有个人不再考虑他们所从事劳动的类型或性质。这样，即使一个工人"在体力活智力上胜过另一个人"，因此"他的"劳动比另一个人更富成效，"他"——优越的工人——所获得的仍然要被"他的"需要（以及"他的"家庭的需要）决定，与低于他人的工人所获得的一样。

在科琴看来，这里的含义就是优越的工人在共产主义社会中得到的满足将会是：a. 作为一种活动，创造性的、富有成效的劳动本身的进行；b. 他或她优越的能力贡献的知识满足其他人的需要。特别是它表明他或她将不需要较多的物质酬劳以表明或报偿他或她的劳动的优越性。很显然，这与马克思《1844 年经济学哲学手稿》中的观点是一致的："在你享受或使用我的产品时，我**直接**享受到的是：既意识到我的劳动满足了**人的**需要，从而使**人的**本质对象化，又创造了与另一个**人的**本质的需要相符合的物品。"①"需要和享受失去了自己的**利己主义**性质，而自然界失去了自己的纯粹的**有用性**，因为效用成了**人的**效用。"②

科琴对马克思在《哥达纲领批判》中有关共产主义的观点进行了总结。他认为，尽管马克思的政治经济学研究引入了较多的经济现实主义，但共产主义概念基本的连贯性，在出自关于"共产主义社会高级阶

---

① 马克思：《1844 年经济学哲学手稿》，第 3 版，184 页，中共中央马克思恩格斯列宁斯大林著作编译局译，北京，人民出版社，2000。

② 同上书，86 页。

段"的《哥达纲领批判》的引文最后的、鼓舞人心的一段话中，得到了明确的体现。在那个阶段，我们被告知，"迫使个人奴隶般地服从分工的情形"将会消失，同样消失的还有"脑力劳动和体力劳动的对立"。劳动将会变成"不仅仅是谋生的手段，而且本身成了生活的第一需要"。因此，我们恰好回到了早期关于"异化劳动"的哲学思想，回到了人类解放的观点，这种解放存在于社会中每个人以一种适合于他们自身习性的方式高效地、创造性地工作的能力，为了他们自身的需要和自我发展，同时也为了其他人的利益。

关于《法兰西内战》，科琴认为，这个文本最重要的一点，就是马克思在其中提出，巴黎公社的形式和政府形式，"自发地"产生于巴黎人民的革命斗争过程中，它可能提供了未来社会主义国家的一种模型。马克思认为，巴黎公社是以"打破"国家权力并把它"归还"给"社会的承担责任的勤务员"的方式，"打碎"并重建国家机器的革命的一个活生生的事例，国家曾经声称它"优越于社会本身"而"篡夺"了那些权力。换言之，巴黎公社对马克思来说是一种国家形式，它打破了国家与市民社会之间的划分，马克思在多年前的《黑格尔法哲学批判》中曾经反对这种区分。

科琴首先分析了巴黎公社的结构，并认为马克思共列举了它 5 方面的特征：

1. 巴黎自治机构（公社）通过全体巴黎市民的普遍选举而直接选举。

2. 公社机构把行政权和立法权一起控制在自己手中。换言之，这个机构不仅立法而且执法。

3. 在巴黎的范围内废除了警察与常备军，并代之以一种普通的民兵组织。

4. 教会（在法国是天主教会）与国家分离，公社在全巴黎建立了自由的非教会教育体系。

5. 可能对马克思最重要的是，全部公务人员，所有的官员、法官、地方行政官由公社直接选举，仅仅领取"普通工人的工资"，并可以根据公社的意愿而罢免。

第 5 点的意思是说，国家的政府官员，作为一种明显不同的、有统治权的、拿薪水的职业的行政专职人员，作为社会劳动分工中一个明显不同的部分，在公社里消失了。所有这些承担执行公社法律责任的人都由公社机构选举并对公社负责。"正是这点——专门的政府官员的消失以及人民所选举出来的代表掌握这些合法职能——对马克思来说集中体现了对国家与市民社会之间区分的克服或抑制，这种区分允许在欧洲其他地方的国家对市民社会的统治。"①

马克思同样指出：

> 仍须留待中央政府履行的为数不多但很重要的职能，则不会像有人故意胡说的那样加以废除，而是由公社的因而是严格承担责任的勤务员来行使。民族的统一不是要加以破坏，相反，要由公社在体制上、组织上加以保证，要通过这样的办法加以实现，即消灭以民族统一的体现者自居同时却脱离民族、凌驾于民族之上的国家政权，这个国家政权只不过是民族躯体上的寄生赘瘤。旧政权的纯属

---

① Gavin Kitching, *Karl Marx and the Philosophy of Praxis*, London and New York：Routledge，1988，p. 146.

压迫性质的机关予以铲除，而旧政权的合理职能则从僭越和凌驾于社会之上的当局那里夺取过来，归还给社会的承担责任的勤务员。①

科琴指出，这就是马克思本人所说的此种国家形式，在同一文本中马克思热情赞扬其为处于初级阶段的"共产主义——不可能的共产主义"，恩格斯把它看作"无产阶级专政"将会采取的形式。但在科琴看来，这样一种解释很显然回避了大量的问题。例如：

1. 巴黎公社仅仅持续了 9 个月，就被法国和普鲁士军队围困并以被血腥镇压而结束。在此短暂的时期，公社只是单独一个城市的政府形式，它为了其生存而反抗势不可当的敌对力量并不得不承受军事和经济围困。如此不平常的环境几乎无助于判断，作为和平时期国家的一种持久"普遍"的政府形式，公社将怎样获得成功。

2. 由巴黎公社草拟的国家"公社机制"实际上从未实施（因为法国其他地区仍处于普鲁士人和法国人统治的临时政府的控制下），所以无法判断它作为国家政府的一种形式是否会在实践中有效。

3. 巴黎公社制定的"法律"实际上仅限于在围困的形势下在巴黎分配军事任务和对食品、药品和其他日常用品等供应物实行配给。它对于个体在这种不平常和受限制的形势下行使立法权与行政权来说是可能的，但很难看出如此办法能够怎样适用于一个复杂的工业化社会与经济的日常运行。

———————————

① 《马克思恩格斯文集》第 3 卷，155—156 页，北京，人民出版社，2009。

4. 与此相似，由于公社的行政职能如此有限，也就有可能把它们委托给直接选举出来的并仅仅领取"普通工人的工资"的个人。被一种自我牺牲的民族主义热诚所鼓舞，与在极度的窘境中惊人地联合起来的全体人民一起工作，这些个人在公社维持的时间内很可能确实较好地甚至是英勇地完成了所限范围内的任务。但是，在一个和平时期的复杂社会内，为了公共政策普通的、日常的实施，依赖这种利他主义可能会是不明智的。

5. 尽管马克思讨论了作为革命的法国假定的中央政府，中央的"公社代表团"将会履行"为数不多但很重要的职能"，但他并未告诉我们这些职能会是什么。所以我们不确定地方公社与国家公社之间权力和职能上的分担会怎样运行。①

科琴强调："第5和最后一点是马克思关于共产主义社会不完整的观点中根本矛盾的中心。因为一方面，他似乎渴望一种几乎无政府主义的国家形式，那是由村庄和小城镇的小自治共同体构成的国家，在这些共同体中，全体公民都互相认识，因此几乎所有权力都可以被委托给从他们的成员中选举出来的代表会议。实际上，我认为一种现代化的伯利克里统治时期的雅典模式，一种公民为了其生存并不依赖奴隶而是依赖自动化机器的'雅典'，从未远离马克思的思想。"②但另一方面，马克思清楚地意识到在一个现代工业化社会中，需要某种类型的"国家"控制和计划的行政管理机构，即通过公社机制"民族的统一不是要加以破坏"，

---

① Gavin Kitching, *Karl Marx and the Philosophy of Praxis*, London and New York: Routledge, 1988, p. 147-148.

② Ibid., p. 148.

所以在《法兰西内战》中他把共产主义描述为"联合起来的合作社按照共同的计划调节全国生产"。

科琴认为，在马克思关于共产主义社会观点的这两方面之间存在着某些张力。因为，国家计划管理机构的职能和权力越大（它可以是公社的国民代表团或任何东西），地方公社的自治权就越受到限制。反之，地方公社的自治权越大，国家管理机构的计划权力就越弱。而且，通过反对发达资本主义社会的革命而导致的共产主义的出现（正如我们所看到的，这是《哥达纲领批判》所主张的），预测了这样一个社会：具有大规模工业化生产，具有铁路、公路、供水、排水及电力系统等复杂和发达的经济基础结构。这样一个社会将同样具有高度发达的劳动分工以承担大量生产和重要的"经济规模"。换言之，资本主义发展高生产率的自动化机器，正是为了满足大量的国内与国际市场的需要。

但是，如果我们把共产主义设想为自治自立的小共同体构成的一个世界，那么我们会设想在这个世界中如此大规模的市场将消失。在这样的情况下，自动化机器在共产主义制度下将或者成为多余的或者在大多数时间不工作。这也意味着它将会生产成本非常高的产品。另外，如果我们设想如此大规模的市场仍将在共产主义制度下存在，那么自动化机器将具有经济意义，但需要国家或者甚至世界水平的计划管理机构，以保证通过机器满足群众的物质需要（当然是因为马克思认为"市场机制"将不再这样做）。但是，这种国家和世界的计划管理结构将仅仅通过它们的存在而非常严格地限制地方上各个公社的经济自治。"换句话说，在任何真实的情况下，很难看到他说渴望的由自治、直接民主的小共同体构成的社会，符合他所渴望的保持规模经济处于大量生产和高水平计划管理机构之中。"①

　　科琴进一步指出，如果我们假设复杂的工业化经济与社会的一种连续性的日常计划的存在，立即产生的问题就是谁将去做这件事。任何熟悉英国地方政府运行的人，都会非常怀疑一个由选举出来的代表组成的机构独立做这件事的能力。但是，如果我们假设他们不能独立做这件事，那么我们就必须假定专门的、受过训练的一类人的存在是真的，他们在劳动分工中的角色就是去帮助计划和管理生产与消费。换句话说，我们又回到了官僚主义者。官僚制的问题（这是马克思有关国家著作不断关注的一个问题）再次被重申，就像在苏联和其他地方曾经所做的一样。

　　在科琴看来，"马克思关于共产主义社会的观点中这个特别的缺口和不连贯，民主与计划怎样做到一致这个没有回答的问题（通过省力地参照'社会'作为主体既控制又被控制，他回避了这一问题），是马克思思想中最严重的弱点。它是如此严重，因为在真实的世界中，在真实的社会主义国家中，如果这样的社会是切实可行的，这个缺口必须被补上，这个问题必须要回答"②。科琴对此问题的回答是："在现实中这个缺口确实不得不通过一种官僚政治来补上，但不是必须通过一种独裁主义的官僚政治。"③

---

　　①　Gavin Kitching, *Karl Marx and the Philosophy of Praxis*, London and New York: Routledge, 1988, pp. 149-150.

　　②　Ibid., p. 150.

　　③　Ibid., p. 150.

三、重构马克思革命命题

马克思在《黑格尔法哲学批判》中明确指出，"哲学把无产阶级当做自己的**物质**武器，同样，无产阶级也把哲学当做自己的**精神**武器"①。事实上，几乎没有一本关于马克思的书可以完全不涉及马克思关于阶级和阶级斗争的观点。在许多人看来，阶级和阶级斗争的概念在马克思那里是同义的，它们都是同马克思思想联系密切的词语，这使得那些关注社会阶级分化或使用"工人阶级"术语的人都可能被称作是马克思主义者，或具有马克思主义情怀的人。

科琴认为，上述这种判断过高估计了这些概念在马克思思想中的重要性，自马克思去世后，围绕他的"国家"理论和"意识形态"理论就产生了许多争论。实际上，在马克思的全部著述中几乎找不到任何完全是关于阶级、国家或意识形态的"理论"表述。虽然马克思在他的大部分著述中都充分使用了"阶级"和"意识形态"的概念，他也时常关注政治问题和国家问题，但他并未对这些主题做出成体系的、具体连贯的阐述，马克思之后的马克思主义者都只是试图将一些分散的观点、隐喻连贯一致以使其理论化。

科琴承认马克思在其最重要的著述《资本论》中的确以不同的方案计划过一个关于"构成资本主义社会内部结构的类别"和"基本阶级、资本、雇佣劳动、地产"的阐述，《资本论》第三卷中著名的关于"阶级"的未完成章节也的确被认为是马克思关于阶级这一主题最权威的

---

① 《马克思恩格斯文集》第 1 卷，17 页，北京，人民出版社，2009。

论述。然而由于该章节并未完成，马克思关于这个主题也就没能形成完整的理论表述。然而其后的马克思主义者为什么要试图将阶级、意识形态和国家理论化呢？其目的应该是为了弄清楚这些术语的含义，例如"在马克思主义里，阶级根据其与生产资料的关系来鉴定"，"国家是处理资产阶级一般事务的一个执行委员会"，"意识形态……存在于根据意识而非物质现实去解释人类行为"，等等。但众所周知，马克思本人鲜少给这些术语下定义，而且马克思在自己的著述中对这些术语的用法是非常多样的，以至于很难用定义的方式来把握这些术语的含义。

科琴举例论证了定义的方式难以把握这些术语的真正内涵。例如，当人们听到"社会阶层是什么""国家是什么""意识形态是什么"时，人们往往会求助于字典来做出回应，"社会阶层就是一大群共享某种基本经济利益的人""国家就是统治阶级的一个机构""意识形态就是一系列认可或支持社会政治现状的观念"。科琴认为，上述回答仅仅是"指出某物"或"定义某物"。但假如上述提问变为"请展示给我社会阶层""请展示给我国家""请展示给我某种意识形态"时，那么上述定义方式就不适合了。在这种情况下，也许只能给出关于阶级、国家、意识形态的具体案例才能对这些问题做出回应。但即使这样回答，也只是列举出了相关的特殊形态，并未对这些术语做出内涵的揭示。

科琴也提出了另一种应对办法，他指出尽管社会阶层、国家和意识形态是"事物"，但它们不是那种能够被清楚"指出"或"定义"的事物，它们是马克思及马克思主义者用来理解人类活动而将其简化的观念。这里将社会阶层、国家、意识形态称为观念，并不是说它们不是真实存在的。由于人们往往容易将"真实"与"可感知"联系在一起，科琴对此作了进一步的解释。

第一，如果观念是用作人与人之间交流与理解的话，那么观念一定既能被言说，也能被书写，还能以图画、电影、视频等方式描绘出来。从被描绘的这一刻开始，观念就可以被看到和听到了。换言之，社会中的观念不仅是思想。只有当把观念等同于反省已知思想时，观念不是"真实"和"实质"的看法才是有说服力的。第二，像"阶级""国家""意识形态"这样的术语，将其用于公共交流中可以使那些本不可能或存在困难的描述和解释变得可能。

"国家""阶级""意识形态"这些词是名词，通常人们会将名词看作是某事物的名字。在交流中，人们总是在某一时机或某一语境下使用这些词，而社会科学家正是因为将词语置于抽象的研究语境中，夸大了将名词与事物相关联的定义方法在解释和理解事物中的作用，从而使得词语解释和描述现实的能力受到限制。而且他们将语言功能误解为名词实指定义的滥用，这种滥用导致所有名词都被当作客观对象的名词，这具有科学实证主义的特点，在认识论层面属于一种真理符合论。这一错误还引发一种趋势，即在当代马克思主义社会理论和一般社会理论中常常关注的是作为语言基本构成的单个语词（"概念"）而不是命题。基于此，科琴提议让马克思主义理论成为一种语言和社会实践的复杂理论，即诸如"阶级""国家""意识形态"这样的抽象词语不是作为理论研究对象的名称，而是作为能够在各种语句和命题中广泛使用的语言工具。"词语存在于句子和命题中，语境是它们保持活跃。消除其他词语的语法语境，单个词语就失去了一大部分活力，定义只能带回部分已损失的活力。"①这反映出科琴将马克思主义定义为实践哲学的初衷，科琴并没有把马克思主义理论视作"金科玉律"般完成态的标准理论，而是选择将其看作在实践中获得不断丰富和发展的动态理论。此举不仅能够避免马克思主义理论遭到"教条主义""决定论"这样的污蔑，也可以从理论上确保马克思主义理论作为一种社会科学的科学性。

为了重塑马克思主义观点在理论和实践中的科学性，科琴基于当时实际存在的社会主义经验，分析并重构了马克思关于资本主义的批判或者也可以说是共产主义观点的 3 个命题。

命题 1：废除社会阶级将产生绝对的物质平等，而且这将加强并实现真正的司法和政治平等。

首先，从现实的社会主义经验来看，废除社会阶级并不会终结人与人之间的物质不平等。20 世纪 30 年代斯大林推行农业集体化之后，苏联并不存在任何"生产资料的分配和交换"的私人所有制，因此苏联也不存在资产阶级和工人阶级的阶级划分。然而在当时的苏联，人与人之间存在着明显的物质不平等，这种不平等不仅存在于国家和党的干部与工人之间，而且存在于城乡工人之间，熟练工人、半熟练工人和不熟练的工人之间。在东欧其他社会主义国家也存在着相似的不平等。一般而言，尽管在大多数共产主义国家中收入不平等的程度要低于大多数资本主义国家，但这样的不平等是绝对没有被废除的；实际上，这种不平等

---

① Gavin Kitching, *Karl Marx and the Philosophy of Praxis*, London and New York: Routledge, 1988, p. 174.

在当时的条件下甚至还呈现出一种加剧的趋势。

此外，除了收入的不平等，当时的社会主义国家中还存在各种各样其他形式的物质不平等，而且几乎所有这些都是由于官僚和国家权力的滥用导致的。简单来说，在当时的社会主义国家中，在国家和党派中居于高位的人能够而且的确使用这些地位来为自己获得大量物质特权——有权使用私用交通工具，更宽敞的住房，给孩子更好的教育，国外旅行，等等。此外，其中一些有权使用稀缺资源的人，常常会利用这样的权力为自身谋求大量特权。典型的例子就是 20 世纪 80 年代，苏联对大量腐败的党员干部和国家官员予以审判并开除，这些腐败官员在当时被称作"卢布的亿万富翁"。

基于这种理论和现实的反差，科琴提出一个拯救马克思命题 1 的方法：论证在当时以苏联为代表的社会主义国家中阶级划分并未被彻底废除。因为在当时的社会主义国家中不仅存在国家和党的干部与工人、农民之间的区分，而且还存在一种马克思主义意义上的阶级划分：掌握生产资料的人同被剥削剩余产品的人之间的区分。科琴认为，当时的社会主义国家就是"国家资本主义"，国家官僚作为一个整体在计划经济中发挥至关重要的作用，倘若废除了阶级划分，国家经济和政治将会完全陷入混乱。命题 2 继续对这一问题展开分析。

命题 2：市场混乱导致资本主义制度下周期性的经济危机和人类的苦难。通过计划生产和消费，把生产和消费置于对生产者和消费者有意识的控制之下，这些是完全可以避免的。

现实的社会主义经验关注到了马克思并未给予足够重视的市场经济的一个优点，这个优点就是市场经济是分散的或去中心化的。市场经济是一个系统，该系统中决策权（决策将生产什么、如何生产以及消费什么）并非集中在少数人手中，而是被分配给包括企业所有者和经理人、批发商和零售商以及市场上大量的消费者在内的群体手中。早在两个世纪以前，亚当·斯密就已经注意到市场这一"看不见的手"如何用价格机制调节市场决策并产生最适合消费者的生产和消费模式。以苏联为代表的社会主义国家都曾试图完全不用市场机制来调节经济，事实证明这种用中央计划取代市场完成调节经济的尝试尽管可以避免纯市场经济所导致的周期性经济危机和市场萧条，但也不可避免地造成经济决策滞后或者错误，使得经济发展长期的效率低下、市场内资源浪费。

然而，一些马克思主义理论家否认这种中央计划经济是对马克思计划生产和消费观点的一种实践。他们认为，马克思所设想的计划生产和消费并不是通过政府来实现的，而是通过"相关生产者"，广义而言就是通过包括生产者和消费者在内的社会中的每个人来实现的。以欧内斯特·曼德尔（Ernest Mandel）、查尔斯·贝特尔海姆（Charles Bettelheim）、希勒尔·蒂克庭（Hillel Ticktin）为代表的当代马克思主义者都认为，实际的社会主义计划比国家主义体系更去中心化。他们提出了各种各样的良策来确保国家机构的去中心化和官员的民主责任，工人对企业的控制以及企业的定位，民主计划的过程等。他们甚至假设完全计算机化的社会主义经济，其中每个消费者通过他自己的末端与计划者的电脑直接相连而能告知计划者他的愿望和喜好。科琴认为，这些马克思主义理论家由于考虑到如果市场关系得到恢复，那么包括人类劳动力在内的所有产品将再一次变成商品，与市场相关的所有不稳定和危机都将卷土重来，因而他们都没有提出恢复市场关系作为去中心化或民主化计划的一部分。

为了弄清楚计划经济和市场经济具体包含什么，科琴将其置于某个商品的具体生产和消费情境中加以分析。他假设在资本主义自由市场经济和计划经济两种模式下都存在一个生产纽扣的企业，该企业生产的纽扣比其他企业生产的纽扣更具吸引力。

在资本主义市场情境下，该企业的纽扣生产者(包括经理和工人)由于生产出更好的纽扣而使得市场对他们产品的需求大于对竞争者产品的需求，因而他们被赋予更多工资。在这种情境下，消费者花钱购买纽扣需求的增长表现为收益和利润的增长。增加的收益反过来刺激该企业纽扣的生产，因为企业可以购买更多的原材料、更多的机器等；此外，增加的收益也可以增加经理和工人的工资(甚至可能会雇佣更多的工人)。与该企业形成对比，其竞争者则受到了市场的货币需求机制的惩罚，他们的收入和利润下降、生产削减、经理和工人的工资不会增加。如果情况足够严峻的话，他们的工资会降低，甚至他们会被裁员。

在计划经济情境下，当该企业生产的纽扣比其他企业生产的纽扣更受消费者喜爱时，接下来会发生的情况在某种意义上是同市场经济中一样的，但是这里有三个关键不同点。第一，增长的需求将不会影响纽扣的价格。受欢迎的纽扣价格不会上涨，不那么受欢迎的纽扣的价格也不会下跌，因为所有纽扣的价格，就像所有其他产品的价格一样，是由中央计划者设定而且只能通过这些计划者才能改变，价格并不是由市场决定的。第二，出售纽扣所带来的货币收入并不会转换成该纽扣生产企业增长的收入或利润。因为企业获得的收入也是由企业和中央计划者预先协商设定好的。第三，即使该企业的纽扣受到消费者欢迎而供不应求，当这些纽扣在国家商店中销售一空时，其甚至会变成某种黑市交易的物品。然而该纽扣生产企业并不会直接由此获得任何好处，甚至不可能增加产量来满足消费者持续增加的需求。因为企业所能使用的原材料的数量、可以安装和操作的机器的数量、可以雇佣的工人数量等都是全部预先设定好的。这就会导致一方面该企业的经理和工人失去扩大产量的动力，另一方面除非计划者改变计划，分配给他们更多的原材料、工人等（或者让他们获得更多金钱），否则该企业对扩大生产也无能为力。事实上计划者也基本不会在中途改变计划，因为改变计划分配给一个企业更多的生产资料会产生牵一发而动全身的效果，这意味着其他企业将会被分配到更少的生产资料。换言之，改变计划中的一个变量会导致整个计划的改变，计划如果可以随时改变的话，事实上它也就不再是计划了。然而现实经济中经常会出现计划外的事件，人们不可能设计出一种能有效应对这类变化的灵活且有求必应的计划机制。

根据以上两种情况的对比，科琴得出结论，彻底的计划经济在对消费者需求的应对方面的灵活性和敏感性远不及市场经济。此外，由于计划的决策过程越民主，决策花费的时间越长，因此计划越欠缺灵活性和敏感性。然而科琴做出这样的结论并不是要否定现实中社会主义国家计划经济的优点。科琴指出，从总体上看，计划经济避免了经济衰退和大规模失业现象等资本主义经济危机最具破坏性的现象的发生。计划经济还可以让贫穷落后的国家迅速奠定工业经济的基础，让其经济获得整体的快速发展。此外，中央计划可以出于政治首要性目的而将资源集中到特殊部门或项目（例如，空间项目、军事或准备奥运会），让其获得优先发展。因此尽管计划经济可能是一个决策效率低的经济发展模式，但其在完成严格规定的、静态单一目标时则表现出极大的优越性。譬如苏联在三年内建立起钢铁联合企业，1980 年 6 月确保奥运村开放等。

科琴认为，在马克思关于社会主义的观点中，市场机制并不需要嘉奖生产者，因为马克思设想他们将得到另一种类型的奖励，譬如"道德奖励"。纵观现有的社会主义国家，它们都曾尝试过道德奖励，但其对生产乃至经济的作用远不及经济奖励那么有效。命题 3 将继续这一讨论。

命题 3：在共产主义高级阶段，物质的极大丰富将允许社会的物质产品分配采取"各尽所能，各取所需"的原则。

这是马克思关于资本主义和共产主义观点的一个方面，现实的社会主义国家并未有效践行这一理念。因为现实的社会主义国家没有一个表明自己已进入马克思意义上的共产主义高级阶段。科琴认为，关于这一命题的分析可以合理利用马克思去世后资本主义几百年的发展经验，以及反思现实社会主义社会经验所表明的马克思的共产主义初级阶段的可行性及吸引力。命题 3 中最容易引发质疑的就是"物质的极大丰富"这个概念，通常质疑者会论证由于人类对物质产品和服务的需求会随着这些产品和服务的增加而增长，所以产品和服务对于人类的需求而言总是稀缺的，因此人类社会不可能出现"物质的极大丰富"这种情况。马克思也的确在《德意志意识形态》等著述中论证过，人类历史在某种程度上是一个人类新需求不断产生的历史，在这种情况下马克思所说的"物质的极大丰富"似乎就很难出现了。此外，自马克思去世至今，全部资本主义社会中对物质产品和服务的需求也呈现出持续上涨的势头，因此现实社会中也很难出现物质极大丰富的情况。

此外，质疑者认为马克思关于共产主义高级阶段的观点是不合理的，原因在于，其根据"能力"和"需求"分配物质产品和服务回避了问题的实质，即不同的人的能力和需求是如何被决定的以及由谁决定的。人的能力和需求的不同意味着，无论是根据能力还是根据需求进行分配都是不公平的分配，或者至少不是一个"绝对"公平的分配。实际上，针对产品和服务的绝对公平的分配原则在任何社会中都是不合理的、不公平的。譬如，一个婴儿的需求能等同于一个成年人的需求吗？年长的人的需求能等同于青年人的需求吗？一个喜欢音乐的家庭的需求能等同于一个喜欢运动的家庭的需求吗？女性的需求能等同于男性的需求吗？一个有着三个小孩的妈妈的需求能等同于没有孩子的未婚女性的需求吗？如此等等。同理，正如马克思在《哥达纲领批判》中明确承认的，人们的能力也是不平等的，这表明在任何社会中那些拥有超出常人能力的人可以通过自己的劳动满足那些不具备这样能力的人的需求。因此从能力和需求的角度看，"各尽所能，各取所需"的原则是一种不平等的原则，这种不平等不仅体现在生产产品和服务的贡献上，还体现在产品和服务的分配上。

这种不平等并不是这个原则最大的问题，其关键问题在于谁决定了每个人的能力和需求是什么，它是如何决定的。科琴认为，对于这个问题只有两种可能的回答。第一个，个体自己来决定。因此，在共产主义社会，"我"决定我的能力是什么，并且"我"决定我需要什么。但假设事实的确如此，那么问题就产生了：如何来保证我不认为我有能力而事实上我有能力呢？如果来确保我（或任何其他人）不会认为我的需要大大超过别人的需要，而我有权利根据我的"需求"得到满足呢？此处也有两个答案可供选择，既可以说这种需求是由资本主义物质占有欲所产生的"虚假"需求，它们将随着资本主义生产模式的消失而消失，也可以对需求做出区分，例如，乡间别墅和私人飞机也许是我的"欲望"的一部分，但是他们不是我的"需求"的一部分。而第二种答案又会引发类似的问题，即欲望和需求之间的区别是由谁规定的。马克思对此的回答是"社会"。马克思在《德意志意识形态》中提出"在共产主义社会里，任何人都没有特殊的活动范围，而是都可以在任何部门内发展，社会调节着整个生产"①。在《哥达纲领批判》中，他指出每个工人"从社会获得一个证书"来表明他提供了什么样的劳动并允许他从"社会的消费资料份额"中得到他投入劳动所应得的，"社会才能在自己的旗帜上写上：各尽所能，按需分配"②。显然，社会来决定并不意味着每个个体的人在做决定，因此倘若将"各尽所能，各取所需"的原则应用到一个社会中，这个社会中市场被废除，生产和消费都是计划的，那么这个原则将导致巨大的权力被授予那些做计划的人，那些计划者有权决定每个个体的"能力"和"需求"是什么。这其实暗示，一定程度的权力凌驾于每个人生命的最不可侵犯的部分之上（尤其是在"需求"方面）。

再加上科琴对命题2分析得出的结论：为了在现实中得以实现，一个彻底的计划经济必须是一个由一个专业的且强有力的国家官员集团来计划的经济；这个计划是非常不灵活和低效率的，而且经济越复杂这种计划的低效和不灵活越明显；民主形式的计划并不能根除这种低效和不

---

① 《马克思恩格斯文集》第1卷，537页，北京，人民出版社，2009。
② 《马克思恩格斯文集》第3卷，436页，北京，人民出版社，2009。

灵活。我们可以从上述论述中大胆地推出这样的结论，如果马克思意义上的共产主义"高级阶段"曾经存在过，那么那些未能有幸生活在共产主义"高级阶段"的人将继续过着痛苦的生活，因为他们将花费大部分工作时间到无止境的计划会议或与其他人持续的电脑联系来制订每日关于他们生产和消费喜好的上千种计划。人们大量的剩余时间将全部用于"民主"决策过程，用于决定别人的能力和需求是什么以及这些能力和需求是否需要改变以及如何改变。与此同时，由于被计划占用的时间内并未发生任何生产活动，因而社会中许多物品和服务会出现持续的缺乏，这也将导致计划决策的付诸东流和实际需求的减弱。

基于此，科琴指出马克思的共产主义初级阶段比高级阶段更具吸引力。因为初级阶段中产品和服务不是根据需求或能力来分配，而是根据劳动表现而分配。在彻底的计划经济中，无论是由国家官员来做劳动表现的评估，还是由每个人进行民主评估，劳动者都会认为自身的劳动表现没有得到准确或公正的评估。因此科琴指出，应该由市场来评估劳动表现。

科琴从 20 世纪晚期的视角出发，对马克思关于资本主义和共产主义的三个命题做了理性分析后，重构了马克思的共产主义理念，提出他所认为的可行且具有吸引力的社会主义图景。科琴认为，在 20 世纪晚期，一个理性的马克思主义者所坚持的能够替代资本主义的社会主义必然是一个"市场社会主义"。这就是说，企业生产出的绝大多数产品和服务在一个市场体系中彼此竞争，产品和服务也通过市场而得到分配。这就意味着，所有产品和服务都将作为商品被生产出来销售以获得金钱，即货币和价格都将发挥积极的作用。由于此处的市场包括劳动市场，因此劳动的薪酬将由市场机制决定，同样市场机制也决定这些工人作为消费者有权使用其他产品和服务。这样，在市场社会主义之下，一个人的货币收入越高，他就能负担越多市场上的产品和服务；反之，一个人的货币收入越低，他能负担起的产品和服务就越少。

尽管科琴提出的可行且具有吸引力的社会主义经济是一种市场经济，但这并不意味着它是一种生产、分配、交换各手段都由私人所有的经济。科琴指出，在市场社会主义经济中所有企业都将以各种各样的方式为社会所有。例如，一些大的企业被社会所有可能通过由工人、经理和企业所在的当地社区代表们集体承包；小的企业也许是通过各种各样的合作形式，比如工人合作，工人、消费者和当地社区成员的合作。所有这些企业都将需要管理层，但大企业中的管理人员可能是由临时的集团一般会议所指定或选举出的，管理人员对大会负责；小的企业则可能采取一种更直接的方式，由工人控制企业。

此外，科琴认为，一个可行且具有吸引力的社会主义经济应该是一个市场占主导地位的经济，但这并不意味着其将成为一个完全的市场经济。市场社会主义经济也有大量国家部门，国家部门负责生产那些更具政治意义或道德意义的产品和服务，如医疗保健、教育和儿童福利。国家部门也生产基础性产品和服务，如房屋、公共交通和其他经济基础机构。国家部门还可能会生产一定数量的食物和衣物，或者可以补贴这些基本产品的市场价格来确保所有公民都能轻易获得这些物品和服务。除此以外，国家还可以制定并推行个人所得累进税制，给予失业者失业补贴（因为在这个体系中可能会出现失业），以及制定并推行民事和刑事法律等。

由于国家在市场社会主义的经济和社会中将发挥重要作用，国家官员数量将很庞大且国家将拥有巨大的权力，因此科琴指出一方面有必要让官员活动受到严密审核并保持公开，以此来防止权力的滥用，另一方面有必要让官员活动从实质上和形式上都对民主选举的政府和公民大会负责，政府和公民大会将拥有宪法权力来确保官员制度的公正公开。在这种情形下，政治辩论的范围将涉及诸多方面，因此科琴提议应健全言论和媒体自由、议会自由、抗议示威的自由等，让持不同观点的人组织起来成为政党，通过选举以获得政治权利。此外，市场社会主义社会中也还应有大量其他组织来发挥政治作用、社会作用和经济作用，例如独立的贸易联盟和企业组织、集团联合、合作社等。

尽管科琴尽可能详细地描述了他所认同的市场社会主义图景，但他承认他关于市场社会主义的看法仍存在许多复杂的、未被解决的问题，这些需要在具体的语境下才能予以分析、讨论和解决。但科琴对市场社会主义的前景设想是乐观的，他认为市场社会主义会从一个民族国家逐渐蔓延到另一个民族国家，最终其将成为一个世界范围的体系，拥有世界范围的机构和计划来监督世界社会主义市场经济。但他仍指出这个体系范围越大，其民主控制能力会变得越弱，世界各地的计划者和企业管理者的权力就会被约束得越小。对此科琴指出，人们只能寄希望共产主义这一"消灭现状的真正运动"来解决这个问题。

总之，科琴分析马克思关于资本主义及共产主义观念的命题，并不是为了指出这些命题与现实社会主义经验之间不相容的地方，并不是为了否定马克思关于共产主义的看法。相反，科琴承认马克思所提出的"各尽所能，各取所需"这样的共产主义高级阶段原则在 19 世纪 40 年代所具有的鼓舞人心的意义。因此，他指出"一个标准不可能适用于一般或抽象，但当被用于具体社会历史语境下的具体问题时，这个标准则是完全清楚的"①。这里，科琴依然是从实践的视角出发去审视马克思主义观点的，他建议马克思主义者应该抛弃冗余的知识包袱，正视马克思主义理论在当代面临的具体社会历史语境和具体问题，在充分理解马克思观点的基础上，从实践中继承、发展并丰富马克思主义理论，只有这样马克思主义理论才能成为一个具有吸引力且可行的改造世界的方案，才有可能构建一个更完美的世界。

---

① Gavin Kitching，*Marxism and Science*：*Analysis of an Obsession*，Pennsylvania：The Pennsylvania State University Press，1994，p. 217.

第六章 ｜ **现实的社会主义实践**

科琴认为马克思的理论是经典的，因为马克思终其一生见证了欧洲的工业革命，相信人类社会进步的可能性及现实性。马克思之所以反对资本主义，主要是出于对社会中大多数人真正生活前景的同情，对资本主义结构和内部动力的沮丧，他对资本主义的社会主义改造的整体目标是将可能性转换为现实。马克思和恩格斯与他们同时代的人的分歧之处并不在于对发展概念的抗拒，而是在于他们对发展本质的理解。对马恩而言，在任何阶级社会中，发展都是一个不连续的、矛盾的过程，生产力的发展是同阶级剥削和压迫同时发展的。对马克思而言，社会主义改造的整体目标是通过取代阶级社会有意识地控制和计划的剥削压迫过程来结束这种历史状况。在阶级社会有意识地控制和计划的进展中，"个体的自由发展"就是"全体的自由发展"。恩格斯对 19 世纪的欧洲历史进程做了一个广义的经验概括，得出其关于发展的著名言论，"历史是最严酷的女神。她驾驶战车穿过成堆的骸骨"，这被视为"历史决定论"的顶点并令卡尔·波普尔(Karl Popper)疯狂。然而现实资本主义的发展状况，一再表现出其非理性的特征，由于理性的人与非理性的社会系统是不可能和谐共存的，因此工人阶级需要用一些策略和方法来积极地推动改革。

　　科琴对现实社会主义实践的思考贯彻了其实践哲学的思想，他不是在单纯地从理论层面讨论社会主义建设路径，此外他也贯彻了对后期维特根斯坦语言分析方法的推崇，将对现实社会主义建设的讨论放置到具体的社会历史语境中展开。由于科琴是一名英国的左翼知识分子，因此他对现实社会主义实践的思考源自英国工党在 20 世纪 80 年代的竞选中接连遭到失败的事实。科琴认为工党接连遭遇失败，是因为工党的领导阶层和成员是相分离的，其中工党左派所坚持的是一种空想社会主义的改良方案，其并不适应已经发生根本性变化的现时代要求。在 1983 年大选前，科琴不仅准确预料到了工党即将再次失败，而且他明确表示，"除非工党能提出一个真正意义上能使英国从根本上改变其 25 年持续的资本主义繁荣所带来的错综复杂问题的政治主张，否则我认为工党必将被边缘化"，他主张"恢复一种关于社会主义思想和社会主义政治的渐进式观点……建立社会主义社会以及一个社会主义世界并不是一蹴而就的，这需要很长时间，甚至是好几个世纪。建成这样一个世界的首要条件就是高度发达的物质水平，以及拥有先进技能、知识和深刻思想的公民"①。科琴认为社会主义建设的一个必要非充分条件就是物质社会的高度繁荣，社会主义是不可能建设在一个物质匮乏的贫穷社会之上的，而现时代资本主义社会的发展已经产生了很大程度的物质繁荣，以及一大批拥有丰富经验的工人阶级，这些都是有利于社会主义长期建设的。尽管科琴重视社会物质繁荣对建设社会主义的作用，但他并没有否认现实中的社会主义国家，他认为现实中的社会主义国家已经在生产、分配、交换方面废除了私有制，因此他们的确是社会主义的。但基于对社会主义的整体论认识，科琴认为民主政治和宪法机制也是构成社会主义整体的一部分，现有的社会主义国家由于其建立起社会主义制度的方式都是通过优先加速工业化和经济增长的方式，这就使得其民主进程发展相对滞后，因此其需要从社会主义专政转化为真正民主的社会主义社会，但科琴并未对苏联乃至第三世界社会主义建设提供太多方案。他结合对当时英国政治情形展开的思考，认为发达资本主义社会应该为社会主义民主建设提供机会，他对社会主义理论和实践的重构就是为了有机会让英国乃至其他西方社会有机会进行社会主义建设。

一、社会主义与工人阶级

科琴认为从西方世界第二次世界大战后的历史看，社会主义的确更

---

① Gavin Kitching, *Rethinking Socialism：a Theory for a Better Practice*，London and New York：Methuen，1983，pp. 1-2.

可能产生于资本主义繁荣中。为了对这一观点进行充分的论证，必须澄清什么是社会主义以及"工人阶级"在社会主义建设中的作用，由于工人阶级在社会主义建设中的主导作用是不容否定的，因此需要重新思考工人阶级这一群体是由什么人构成的。

（一）工人阶级

科琴注意到在英国关于社会主义的讨论常常涉及有关工人阶级的两个完全不同的概念。在马克思本人以及大多数马克思主义者看来，工人阶级的概念是指所有那些除了靠出卖自身的劳动力（体力和脑力）外别无其他生存方式的人，因为他们没有或不能掌控生产资料（例如土地、建筑、机器、股票、股份等）。传统上，这是一种广义上的工人阶级概念，其同资本主义制度下占有并控制生产方式的"中产阶级"（拥有土地、建筑、机器、原材料、股份和股票）和"小资产阶级"（拥有少量资本，例如拥有一个小的商店或车间）相区别。科琴所讨论的正是工人阶级的这一概念，他认为在 20 世纪 80 年代的英国，工人阶级包含当前这个国家中人口的绝大多数，其包含着意男人和女人、黑人和白人、医生和码头工人、销售主管和销售助理、大学教师以及公共汽车巡检员等。然而，在左派的讨论和政治活动中所讨论的工人阶级则特别指向一种狭义的工人阶级，即从事体力劳动的工人阶级。

科琴指出，之所以在工人阶级概念上出现这两种内涵的区别，原因之一是自 19 世纪中期以来，资本主义社会出现了工人阶级在职业和地位上的巨大变化。在马克思生活及其写作的时代，工人阶级就是那些出卖自己劳动力的人，也就是那些体力劳动者，由于劳动者们具有大致相同的生存方式和社会处境，马克思便很容易认为出卖劳动力的工人阶级有可能产生"阶级意识"，即他们有着相同的社会处境和共同的敌人，他们会在共同的身份和利益的驱使下进行社会活动和政治活动。然而资本主义发展至 20 世纪，情况却同马克思的设想有所不同。以当今英国为例，工人阶级中并不存在这种共同阶级身份或利益的意识，相反，工人阶级出于种种原因(这些原因包括他们居住房屋的地段和类型，以及他们说话的方式等)将自身归为"中产阶级"，他们甚至对体力劳动的"工人阶级"没有丝毫的认同感。

另一个原因则涉及资本主义制度下"生产劳动"和"非生产劳动"的观点以及工人在生产中的作用问题。科琴认为马克思所说的生产劳动和非生产劳动之间并不存在永恒的差别，尤其是马克思揭示出剩余价值后，所有工人都不可能被视作资本主义下的"非生产"劳动者了。此外，科琴认为广义的工人阶级概念忽视了工人阶级中某些群体巨大的经济力量，也忽视了像矿工和码头工人这样的工人群体强大的"战斗力"和组织性，其趋向于支持任何一个通过反对资本主义来改善自身生活水平的工人团体。

在当代资本主义社会中采用广义的工人阶级概念的第三个原因是：这样一种内部构成多种多样且差异巨大的阶级是不能够以任何形式的联合行动来反对资本主义的，因为这种联合体是没有任何物质基础的。当人们谈及有着众多不同职业、生活方式、收入、生活境遇的庞大人群时，人们并不能形成一个共同的认识，更不必说使其团结在任何共同的政治策略或计划周围。从英国现实看，英国工人阶级有数百万的成员，他们是有工会组织的，即使不考虑工会组织，我们仍能看到工人出现在消费者组织、租户协会、居民协会、生态保护组织、足球俱乐部、纳税人协会以及反对在活体动物身上做实验的运动等中间。但由于不同种类的工人彼此利益的不同，他们很难被纳入当前任何一种单独的政治计划中，譬如在公共活动或组织中，"中产阶级"工人反对"工人阶级"工人，男人反对女人，黑人劳动者反对白人劳动者。正是这种充满争议的公共生活的普遍化，推动了超越少数群体的公共生活，导致民众的被动性，在这种情况下，议会民主制成为一个政治体制，资本主义得以成为一个经济体系，工人阶级成为了资本主义的一部分。

　　然而，工人阶级作为不断变化的资本主义的一部分，其自身就是一个变化的实体，这体现在工人阶级的职业和性别构成、受教育程度以及社会和文化背景以复杂且不均匀的方式持续变化。科琴认为，英国左派的弊端就在于没有充分认识到工人阶级的这种变化，其倾向于日趋减少对体力劳动的"工人阶级"及这部分工人阶级发动的每一个防御性斗争的关注，这就导致左派内部知识分子中，阶级意识的整体缺乏。对于许多左派知识分子而言，问题总是在于需要左派知识分子或积极分子去影响并转变"工人阶级"。然而，对大多数选区工党的阶级构成的粗略调查发现，积极分子是工人阶级中某个非常明显的部分，其主要是由公共部门的白领工人构成的，也包含少量在私营部门的白领工人。他们的职业多为中央和地方政府的公务员、教师、美术家、音乐家、社会工作者以及社区工作者、记者。此外，还有一些更具技术指向性的白领工人，如技师、建筑师和工程师，这三种类型的工人在左派中是很强大的，他们积极参与工会运动。

　　基于这种现实情况，科琴认为英国和西欧的左派有很强大的工人阶级基础，但是其在自身所致力的工人阶级运动却没有很强大的基础。因为，随着资本主义的进一步发展，大多数工人种类都会出现人员增长（特别是公共部门和私营部门的服务人员），而许多体力劳动的工人种类将会出现人员的加速减少。因此，左派在无意间已经为自身建立起一个未来活动可能依据的基础，如果左派是建立在真正的支持者之上，那么左派也一定会利用自身在这些人中间的最大吸引力这一特性。因为被视作左派真正基础的工人阶级都有一个共同的特性，那就是他们都涉及各种形式的"脑力劳动"，即广义上更多指向智力活动和创造活动的工人。因此左派所能够利用自身的理智主义将工人引到理性主义、人道主义的政治上。左派需要去提高并改善其论证和分析，同时用有说服力的以及大众的形式将其展现出来。然而从历史事实来看，左派并没有很好的完成这一任务，特别是左派知识分子，他们经常以一种微弱的抑或是毫无联系的方式从深奥的知识辩论转向对结论的煽动行为上。正如前文已经提及的，出现这种问题的原因在于其缺乏阶级意识，人们在写作关于左派知识分子的批判性观察时，他们笔下的左派知识分子是完全不同于"工人阶级"的。由于左派没能够在阶级术语中限定自身，这就产生了精英主义；精英主义又在左派需要"走向大众"时孕育了煽动行为。

然而，资本主义已经出现了一个持续的趋势，即经济活动和政治活动的范围在扩大，将人类纳入更复杂的社会和经济相互依存的网络中。与此同时，经济资源仍由极小的一部分人通过私有财产的方式所占有并控制。因此，在资本主义发展阶段，工人阶级具有将这种被动的社会化人类活动改造成一个积极地有意识控制的、行使民主的活动的可能性。换言之，在资本主义生产力的每一个发展阶段中，资本主义越来越依赖工人阶级，因为资本主义的生产力发展是通过数以百万计的工人从事相互关联的活动而产生的。但是将这个看成个体问题或部分群体的问题时，工人却认为自身是依赖资本主义的，而且由于自身能掌控很少或者完全不能掌控自己的命运而实际受制于资本主义。科琴认为，只要工人不能作为一个阶级整体而使用他们的力量，那么他们能够对资本主义整个系统造成的影响就是极小的；在经济斗争中，尽管经济上至关重要的群体会比其他群体有更大的作用，但只要这个斗争是由部分群体发起的，那么这个斗争就只能是基本防御。

科琴认为，人类解放的重点是它不仅需要工人的想象力，还需要极大的自信心。想象力是用来想象情况会变得越来越好，自信是用来相信他们有能力和智慧来民主地管理经济生活和社会生活，以及能够构建使这种管理有效且适应必要的效率准则和社会准则的机构。如果人类解放这种变革的确包含着想象力和自信，那么就会产生与传统的经济准则"生产力的发展"相平行的一个准则，通过这一准则社会主义将会占有资本主义的发展成果。如果资本主义不仅发展了生产力，而且创造了越来越多坚信能够从根本上改变世界并对自己能够民主的管理这个世界充满自信的社会团体和个体，那么资本主义在世界上就发挥了进步的作用。

人们也会说阶级压迫只是影响之一，性压迫或者种族压迫都限制了想象力以及瓦解了自信，这样的话，控制一个人自己的生活，甚至是控制公共机构，似乎都是毫无希望的。然而，如果对想象力的限制和对自信的破坏在广义上与人们所承受的压迫的程度有关，那么最有想象力和自信的团体和个人，以及那些最可能持有有意识的激进立场的人，也许会成为客观上最受压迫的人。人们也许会错误的将影响泛化，即压迫意识和为了摆脱压迫而渴望改变世界是与受压迫的"客观"程度成正比的。换言之，人们受到的压迫越小，就越能意识到自己受到的压迫是什么。例如，人受到的压迫是作为人类创造出的产品以及人为可变的情况，而不是"宿命""厄运"，或者仅仅是"事物本来的样子"。然而，这必须从纯粹的相对意义上来理解。例如，人们发现具有女权主义立场的女性，往往是那些受到很少性压迫的女性，尽管这并不意味着她们没有遭受过性压迫，或者她们受压迫的经历只是特权群体想象力太丰富的产物。这只意味着，如果从某些形式的压迫下解放出来，那么人们就会在遇到压迫时更敏锐地意识到压迫的其他形式。

然而，对想象力的限制、对自信破坏最大的压迫形式往往是与原始的物质匮乏紧密相关。这种匮乏使得无论对于个体还是社会，都在物质生存上付出了太多，以至于仅留下很短的时间和很少的精力去反思。此外，即使物质匮乏在一定程度上被消除时，教育限制、职业限制、社会流动性、高度独裁的家族以及工作经验常常可以对想象力和个人的自信做出严格的约束。对于仍将其活动定位于男性体力劳动者中间的传统左派而言，其最严重的弊端在于尽管他们常常提及"工人阶级"遭遇的压迫与剥削，但他们对压迫的分析仍然是非常朴素且矛盾的。由于遭受剥削，这些工人同时也被左派的一些团体树立起了压抑的革命意识，这种意识只能通过"斗争的经验"贯穿生活之中。但是这忽略了在德国历史上，体力劳动的"工人阶级"所遭受的压迫和剥削的形式虽然产生了一种强硬的防守，但其基本接受自身在社会中的从属地位的阶级意识。对从属地位的认同又产生了深度自卑，在文化上的表现就是文化压制。在德国，关于体力劳动"工人阶级"的这种心理设定是一个长期的阶级和文化压制的扭曲历史的产物，这也许是德国体力劳动"工人阶级"所承受的压迫中最悲惨的部分，因为这是精神和心灵的创伤，其破坏程度比最贫乏的物质更甚。

然而如果的确如上所述，那么从社会主义者的视角来看，资本主义社会在经济结构和职业结构上的任何变化都只能称为一个渐进的变化，尽管这些变化改变了工人阶级的社会构成。如果工人阶级被重组为包含更多种类的人，而这类人的教育、流动性和生活方式赋予了其巨大的想象力和自信，那么上文所述情况也会更明显。自第二次世界大战以来这样的变化就已经出现了，而且在资本主义由于危机而重组自身的过程中还加速变化，许多"新的"白领和工人阶级中的服务性群体几乎都是从体力劳动"工人阶级"中产生的，特别是他们中很多来自技术工人的家庭。但是他们在态度和价值观念上不同的原因则与个人和职业的复杂环境有关。

科琴用这种方式展开讨论就是直接反对传统左派在这一问题上的正统观念，传统左派坚持体力劳动"工人阶级"对社会主义的建设是极为重要的，这样一种观点往往是依据一种经济危机的基本现象的观点。在经济危机的基本现象观点中，体力劳动"工人阶级"在危机中急剧恶化的处境一般会迫使防御性的"经济主义"行为变得更激进，并最终转向革命斗争。事实上，只有在这种特殊的危机理论的基础上，人们才可能使基本的防御行为完全变为革命性行为。然而，这个理论很难付诸实践。关于资本主义危机的所有历史迹象都表明，即使是最严重的资本主义危机，其对不同群体的工人的影响也是不稳定的。失业的急剧增加和失业的威胁都可能产生普遍的保守主义以及斗争性向其对立面的倒退。此外，资本主义的连续震荡和资本主义必然的不稳定发展，使得工人非常怀疑资本主义的繁荣时期，并倾向于在繁荣持续时期获得他们可以获得的一切。同样的不稳定经历产生了一种即使在最严重的经济衰退时期也相信"事情一定会变得更好"的信念。但是他们的政治影响是要以一种被动的方式做出一个"袖手旁观"的决定，同时在选举的时候对当时执政的政府做出"报复"。然后资本主义危机的周期性特征使得他们的有效影响变得很保守。科琴认为，之所以这样，是因为这样的危机在英国只对一个阶级起作用，这个阶级的形成历史已经耗尽了必要的自信和想象力。必要的自信和想象力有可能使资本主义危机成为机遇：转变为社会主义的机遇或者是作为这种转变的开端的机会，它要求将资本主义危机转变为革命状况。

综上，科琴认为阶级意识的一个防御性、保守性的形式是在英国进行社会主义改革的主要障碍，这也是世界上其他先进的资本主义国家进行社会主义改革的主要障碍。这个障碍在资本主义遭遇危机的时候得到最清楚的展现。然而，当工人阶级的职业结构和社会结构变化的时候，特别是当传统的体力劳动"工人阶级"数量减少，工人阶级整体有了更高比重的受过高等教育的服务职业的时候，这种意识就会趋向弱化。然而，这样的变化是缓慢且不均衡的，而且这种变化是建立在资本主义的长期繁荣之上的。基于此，科琴认为 20 世纪末英国左派的主要任务是帮助英国尽快重建资本主义的繁荣景象，同时要帮助资本主义调整自身，此外还要给工人阶级切实的政治和经济收益。

(二)社会主义

科琴主张社会主义变革常常发生在物质高度繁荣的时期而非物质萧

条或经济危机的时期，他认为有必要区分一下自觉的社会主义者个体和团体的活动同其他人的活动之间的差异。为了澄清这一问题，科琴受19世纪俄国思想家米哈伊洛夫斯基（Mikhailovsky）启发，他借鉴了米哈伊洛夫斯基的语言和逻辑形式，给社会主义发展提供一个准则——M/K准则（米哈伊洛夫斯基/科琴准则）。米哈伊洛夫斯基在《进步是什么?》（1869）中讲道："进步是实现完整个体的一般方法，是实现人类器官间最充分的、最具多样性的劳动分工以及人与人之间最小可能性的劳动分工的一般方法。阻碍这种前进的一切事物都是不道德的、非正义的、险恶的、不合理的。而任何能够削弱社会的异构性、增加社会成员的异构性的事物都是道德的、正义的、合理的和有益的。"[1]同理，科琴提出"什么是社会主义?"这个问题，然后做出下述回答："社会主义是有意识的人民主地控制个人、社会环境和自然环境的最大可能性程度。所有阻碍这种控制的事物都是不道德的、非正义的、险恶的、不合理的，是社会主义的一种倒退。每一个促进这种控制及其民主实践的事物都是道德的、正义的、合理的和有益的，是朝着社会主义的一个前进。"[2]

从科琴的上述表述中可以看出，这个M/K准则并不十分清楚明晰。首先，有意识的人对个人、社会环境和自然环境不断增强的控制，在很大程度上必须是一种特殊情况下的判断问题。其次，这个标准是双重的。事实上两个标准将(a)有意识的人类对整体环境的控制和(b)这种控制的民主运动合并在了一起。显而易见，(b)并非必然地产生于(a)：人

---

① Gavin Kitching，*Rethinking Socialism*：*a Theory for a Better Practice*，London and New York：Methuen，1983，pp. 29-30.

② Ibid.，p. 30.

们也许会加大对环境的某些方面的控制，但并不是以民主的形式。环境控制的某些方面不能根据其本性而民主的进行控制，这一点是值得争论的，而且这并不是一个能够用一般术语解决的问题，它必须具体问题具体分析。不管怎样，在 M/K 准则中，一个发达的社会主义世界是发生于人类对某些给定领域控制加大的时候或者发生于民主活动增加的时候。

根据 M/K 准则，科琴进一步强调社会主义更可能产生于资本主义繁荣时期。首先，在资本主义长期繁荣的背景下，人类劳动生产率的增加和生产力的发展使有意识的人对自然环境的控制有所加强成为必然。然而，这种控制往往不能以民主的方式行使，其常常集中于一个狭义的管理层面和科学层面。其次，在资本主义繁荣阶段，越来越多的阶层和组织变成资产阶级控制社会和自然环境的有效行动的必要构成，同时他们自身却很少意识到这种控制并没有被民主地行使。为了发挥重要的辅助作用，这些团体组织在资本主义体制内几乎没有掌控权。再次，也是最重要的一点，繁荣景象下的资本主义扩张使得企业数量增加，产生了更复杂、更相互依赖的社会劳动分工，使得整个资本主义体系更加依赖数以百万计人的连锁活动，却与此同时否认了大多数人对其生存和工作的环境拥有任何掌控权。同时，通过依靠"市场力量"，资本主义体系产生了不受制于任何人（包括资产阶级自身在内）的全部社会环境和自然环境。因此，资本主义内部的核心矛盾是不断提高合理性、官僚化对个体公司的控制，以及一个在宏观水平上（在就业层面，或者总产出的混合水平，抑或者总能耗水平）不可控制的不稳定性。因此，资本主义体系中从个人生活到跨国公司和政府各个层级都经历着这种恐慌，一方面不断提高一个级别上社会主义化和官僚化的掌控，另一方面是混乱、不稳定、不可预期的未来。在这种矛盾中，马克思在一个世纪或更早的时候就已经指出了这一矛盾，这个矛盾是出于资本主义体系的核心，社会主义必须解决这一矛盾，或者至少要缓和这一矛盾。然而，解决或者缓和这个矛盾则需要在日常生活中意识到这一矛盾，并有新的能够克服或通过从宏观上对一切环境的自觉社会掌控来缓和这一矛盾的个人或组织参与其中。这种控制将通过对现有机构(个人公司和组织，国家政府和地方政府)民主化掌控的超越和新的在地方、国家和国际上能民主化掌控的机构来不断加强。科琴已论证了工人阶级中某种"新的"部分也许是个人、社会或工作中的部分，其不仅提高了人们对这种矛盾的认识，而且增强了人们通过民主控制而从政治上和公共渠道克服这一矛盾或缓和这一矛盾的信心。

这种公共活动可能会采取多种多样的形式，包括：(a)试图从某种工业形式或商业发展中保护自然环境或社会及居住环境，或者坚持这种发展是以保护环境为条件的，即使花费巨大的资金；(b)反对新道路计划的抗议运动；(c)工会或工人对危险的工作环境提出抗议，要求对这种工作环境给予最严格的管控；(d)所有形式的消费者运动；(e)试图提高医疗保障水平，创造一个更加健康的自然和社会环境。不管怎样，所有这些运动都旨在加强人类对环境的控制。他们通过不同的方式都是为了使整个"生活环境"由大部分人来决定，而不是处在少数特权阶级的控制下，或者更糟糕的是无人控制。通过扩大适合此类活动所关注问题的范围，所有这些活动都扩大了公共讨论和活动的范围。在对私有化存在强烈反对情绪的社会中，这样的活动呈现出原来的"共和政体"的价值观，是人类真正生活的观念的呈现，人作为个体也作为社会的一员，他们享有权利也要履行义务，而且公民履行义务是获得自由的重要保障。这种公民理想产生于伯利克里的希腊，在马基雅维利《李维史论》中得以弘扬，并得到罗素的再次肯定，对马克思产生了深远的影响，科琴认为公民理想是马克思对共产主义社会不完整构想的核心。

所以 M/K 准则迎合了社会主义者的需求，为构建社会主义社会做出了贡献，很多社会活动和需求并不是受自觉地社会主义意识所支配的。在资本主义长期繁荣中，社会变得越来越"政治化"，或者至少是一些组织和社会阶层变得越来越政治化了，而其他组织或社会阶层仍是非政治化的或变得更加非政治化了。这样就使得从狭隘的经济生存的规定中解放出来的个人和社会组织，能够把大量时间和精力投入对公共和社会的关注中了。

由于资本主义繁荣对政治和社会意识的影响主要依赖于受影响的人群的社会和历史背景。一般而言，在经济长期繁荣时期如果一个人生活拮据或身无分文，那么在这种条件下，他很可能会转变成一种极端私有化的物质消费形式。他们享受着美好的生活方式和消费方式，对于这类人来说这确实体现了他们生活质量的提高，而这种生活方式和消费方式是他们的父母和祖父母之前都享受不到的。然而，如果有的人在长期繁荣的情形之前就已经很富裕了，那么他们当中就会产生激烈的"反物质主义"运动和哲学，一些还会成为公众和政治激进运动。相反，那些早以某种"武力"的方式对物质剥削做出过回应的组织则会变得更加富裕且非政治化。然而，任何事情随着时代的不同都会发生变化，人们也许也会贸然得出一个一般性的结论，那就是物质富足越持久，对包含其中的组织或阶层的个人或社会的重要性就越低。

　　然而即使如此，科琴依然认为随着物质富裕的发展，会产生一种越来越明显的反物质主义趋势。这种反物质主义的观点并非一定要与社会激进主义联系在一起。事实上，美国的经验清楚地表明了，这样一种观点常常采取一种高度人格主义的神秘或静谧形式。在美国社会中最富裕的人群中已经产生出各种各样的宗教或类似宗教的组织，信仰这些的人仅通过某种程度上改变自己来追求幸福。这些信条中许多都是基于同一个极端理想主义，这个极端理想主义认为只要人们不去想或感觉，任何事情都不是问题。这些信条的不同点在于它们使人们思想和感觉上发生变化的方式，有的方式是通过祈祷和冥想的方法，有的则是通过药物作用的方法。

　　除了这种由资本主义繁荣产生的明显非政治化，在 M/K 准则下仍有许多作为社会主义建设发展标志的组织和活动是存在问题的。首先，许多社会主义建设的组织和活动会引发分裂。譬如，当道路方案经由一个"工人阶级"的社会阶层而重新规定时，"中产阶级"对道路方案的反对消失了。"消费者组织"常常动员那些更富裕的消费者，这些更富裕的消费者能够承担起他们所买的物品。种族解放运动和性解放运动都存在排他主义倾向，因而没能动员到他们中大多数具有自我认同感的支持者，反而转向了外部潜在的支持者。所有的这些在现实中都是已发生的事实。但如果这仅表明它是趋向于真实民主而非含糊不清的民主的话，这种公众的和政治的动员必然会被普遍化。"中产阶级"的抗议团体和消费者组织不仅需要同政府当局和资本家的自动售货服务作斗争，还将不得不与"工人阶级"的抗议团体和消费者组织作斗争。种族解放运动和性解放运动都必须应对各种令人同情的群体，这些群体中有白人、黑人、黄种人，有男性和异性恋者，这些人坚定地认为自己认同的事物是正当的，应该对他们认为是错误的或不公平的事物发起挑战。然而这种动员被普遍化，那么它们更可能发生在资本主义繁荣时期而不是发生在经济萧条时期。因为，在经济萧条时期，常常会倒退到对个人和群体的极狭隘的物质利益的保护上。这种倒退实际上是一种非常激进的活动（例如罢工、示威等），但是左派不应该将这种活动的基本特点误解为紧缩撤退。经济萧条只能产生旧诉求，不能产生新诉求。

科琴认为应该将这一观点引申到对历史事件的考察，因为通过参考大量的历史案例才有可能轻易地反驳这种普遍化。人们也许会提出反例来质疑：难道世界上第一次大规模的社会主义运动——宪章运动——不是发生在经济萧条时期吗？20世纪中最激进的革命时期（1917—1921年）难道不是出现在"第一次世界大战"后严重的经济萧条时期么？还有激进主义和政治上的两极分化难道不是20世纪30年代的经济危机带来的吗？科琴指出，这样的反例实际上并不是他所提出的普遍化的反例。因为，当社会主义者和革命分子领导贫困者的群众运动时，恰恰是他们群众基础的推动使其被错当成社会主义运动。不考虑他们的领导者的意识形态，如果民众对革命运动的支持是产生于极端的物质匮乏引发的绝望的话，那么当贫困的状况有所改善时，绝望的情绪会弱化，民众对巨变的支持也会相应减少。在以穷人为主的革命运动中也存在很多根本问题，尤其是在"后革命时代"。社会主义运动的强度是由其构成人群的范围来衡量的，而这些人是不会被提高他们的物质生活水平而"收买"的，因为他们参加这一运动的首要目的并不是为了获得物质生活水平的提高。相反，过去的一切社会主义运动都被其追随者的本质上有限的目的所削弱，这种本质上有限的目的常常被认为是在资本主义中可实现的，是基于持续的资本主义发展的。

然而，不断增长的物质繁荣阶段和长期的繁荣时期是社会主义斗争最有利的时期。在此阶段没有什么是不可战胜的，所有的一切都将会成功。此外，即使世界范围的资本主义都能安全度过危机且再度繁荣起来，他们的危机和再繁荣的间隙中仍有很多争取社会主义改革的斗争发生。另外，尽管资本主义自身已经变成一个世界范围的体系，但总体上其还未达到国际水平。因而对自然、经济、个人和社会环境的民主控制将包含对这些重要权力（关于决定将要生产什么、如何生产和分配、以及这种生产和分配在哪里发生的权力）的侵犯。这些权力不仅是资本主义经济体系中重要的部分，更是所有经济体系中重要的部分。将这些权力从少数人手（资本家和经理人或者社会主义国家中的"中央计划者"）中转到大多数人手中是很难实现的，除非通过普遍的社会和政治冲突（这些冲突中有的可能是暴力冲突）。即使的确如此，这个转变也一定是一个非常渐进的过程。至于其程度，科琴仍持有马克思主义的传统观点，他坚定的相信社会主义变革是包括一种真正的阶级斗争和局部斗争的变革。科琴与传统的马克思主义者的唯一分歧在于对参加到这一斗争中的"工人阶级"的构成成分的看法。特别是在关于此斗争中决定工人作为先锋的概念上，科琴认为这是过时的，而且这种过时主要是由当今资本主义的发展造成的。

M/K 准则的第二部分中包含有另一个问题：民主的"环境"性（广义上的环境）决策问题。科琴认为，这是所有类型的社会主义理论中最薄弱的元素，因为我们只有关于如何使民主从一个口号变为现实的模糊认识。马克思本人对这个问题的回答，也仅仅是将这一问题留在从社会主义转变到共产主义的实践中去解决。这样一种解决具有普遍性，因为实际情形很明显是非常复杂多样的，建立必要机构的不断摸索过程在任何实际情形中都是起作用的。至于详细的"蓝图"则既不是可行的也不是有助益的，特别是当我们将全部的这种转变放到数个世纪的长时段中去看的时候。但是这几乎不是一个完整的回答，因为它是源自确定的历史经验，当尝试做出任何民主的经济和社会决策时，其中包含的结构问题就会一遍遍的呈现出来。结构问题的核心在于更民主更开放的决策制定过程需要花费更长的时间。然而，即使是在最详细设定的环境中，许多决定也不得不在应对快速变化的情况下做出，除非以总体停滞、陷入混乱为代价，否则应对这些快速变化的情况是不能够留给一个高度民主的决策过程的。在任何现实的情境中都有必要将权力从更大更民主的团体（工人大会、农民大会以及诸如此类的）委托给更小更能动的团体。然而，一旦这种委托发生了，那么一系列真正的日常决定权就从民主的渠道中提取出并放置到少数人手中，而之后实施有效控制的较大团体很可能会控制不了这少数群体。如果希望用"设计好的"决策（即有意识地调节和控制）来取代市场对资源配置的作用，那么这个问题就变得特别严重了。因为如果经济和社会是复杂的，那么决策和计划过程则是更加复杂的。试图将准则中决策同信息传播和决策的真正民主形式联结起来，则威胁到了经济体系的运行，导致经济体系在生产、分配、销售方面的完全崩溃。

此外，社会主义者并不清楚如何从地方层面、国家层面和国际层面来对广泛的社会和经济境况做出真正民主的控制，而这恰恰是包含在当前资本主义社会和世界资本主义系统的功能中的内容。马克思将全部生产和消费的"社会"控制以及以高度分散和小规模的控制的实践看作是完全互补的。一些社会主义理论家已经看到了在当前某种生产和销售的"新技术"中解决这种矛盾，于是产生了在减少生产单位(以及居民区必要规模)的同时将会影响产出和消费的问题。关于这一问题的更传统的讨论常涉及决策分散的程度和决策形式，而决策分散的程度和形式可能会符合一种中央"计划"经济。在这些讨论中，一些人认为将"市场准则"部分地引入社会主义中是有必要的，这种必要性不仅是出于经济效益的考量，还出于考虑到实现工人和团体能够真正的而非形式上控制经济企业的目的。

这些问题太复杂和广泛了，以至于不能简单的概述清楚。科琴指出如果社会主义建设的过程将取得任何实质性进展的话，那么包括以下内容。

(1)在任何目前已知的技术之下和在任何可预见到在未来将变得具有可行性的技术之下，愿望和实施计划之间存在一个不可解决的矛盾，即有意识地控制生产什么、如何生产、如何分配和消费，以及维持全部这些决定能够被社会中全体生产者和消费者民主的做出的愿望之间的不可调和的矛盾。在社会主义制度下，一些重要的经济决策是由少数高层决策者制定出的，这是一个事实。因此要遵循通过这种能够被大众监督的决策者来进行民主制度建设，取代其在社会主义建设中至高无上的重要地位。科琴指出，布尔什维克的失败使得我们关注社会主义的这种"宪政主义"。只有重视这些宪政主义问题和机构建设，社会主义国家才会比资本主义国家建设得更加民主，这就是传统马克思主义关于社会主义不仅应该维持资产阶级民主的政治形态，还应超越资产阶级民主的政治形态的主张。社会主义者的任务是通过设计更强有力的民主制度来解放阶级支配下的国家权力，并对国家实行掌控从而让这种效力变得更大。当国家通过在社会主义下增加新的经济职能而不断扩大行政管理权的时候，这样一种有效的相互制衡的建构会变得更加重要。

（2）从苏联的中央计划到东欧的中央计划都表明，在民主的社会主义中市场机制必须在经济中发挥主要作用。这似乎是使资源使用与相应的资源缺乏，对消费选择和权力的一种保证，以及工人团体切实掌控企业的唯一有效的方式。然而这并不需要重新引入私有财产（或保护私有财产），因为企业可能是合作性质或多种形式的集合体。

（3）在这种情况下，社会主义的主要问题就变成了一个决定，即关于中央计划和控制应该针对哪个经济领域或社会活动以及哪些经济领域或社会活动仍应由市场来调控的决定。尽管这个界限会随着历史和语境的改变而发生变化，但科琴更赞同将一个广义的"社会福利"原则应用到划分这一界限上。这就是说，"社会"（通过最民主的、可行的决策过程）将会根据需求而非自主的欲求来确定一些商品和服务应该进入哪个渠道。进入这种分类的全部商品和服务，同生产它们所需的投入和原材料一起，被指定为国家控制下的"社会控制"因素。此外，"社会控制"因素还包括健康和教育服务、住房、国内的供热和供电、运输以及最基础的食物与衣物。处于"社会控制"因素外的全部商品和服务都应根据市场原则来生产和分配。社会控制因素的目的就是尽可能便宜地生产及分配其商品和服务。而实现这一目的既可以通过很高的补贴价，也可以通过免费分配，例如对这些货物和服务普遍实行免税。在这一过程中的确会出现一些混乱，特别是这些在国家控制因素和市场因素中派生形成的可替换商品和服务，以及在不同企业中"联合生产"的原材料和其他投入。然而，这种矛盾将在具体语境和公民作为生产者及消费者的利益应首先得到保障的原则中得到解决，而不是在作为一个经济体的国家中得到解决。

（4）掌握国家决策权的竞争将会成为一个民主的社会主义社会的基本组成部分，这种竞争需要用竞争性的社会主义纲领来规范竞争关系的政党。而社会主义纲领在关于国家控制因素、市场因素以及能够应用到这两种因素之上的政策，全部"社会政策"乃至外交政策问题上都会不断变化、调整。党派之间的竞争可能会发生在定期选举这个问题上，尽管定期选举并不是控制或替换国家公务员的唯一方式。

尽管科琴阐释了他对社会主义建设蓝图的理解，但他也指出建设国家经济和社会制度的实际风险将会是一个长期、复杂、变化的过程，在这个过程中民众的支持、知识和创新性将会比广义的计划更重要一些，这样才能将计划和有意控制的最大可能与民主控制的最大可能联系起来。但是关于这一切最需要强调的是其需要有丰富知识、教养和自律性的公民。因为在任何社会形式和经济组织形式中都存在对某种条例和为了其他人的利益而牺牲一些人利益的需求。试想这样一个例子，为了将建筑材料用于房屋建设，就需要在一定时期内减少娱乐设施的建设。社会主义社会是一个人们能够使用这些设施并从这些设施中获益的，能够在某种程度上参与到这个"没有他们也可以"的决定中，而且人们也已经参与到这个之后被认为是"一般利益"的决定中。

一个能够践行这种自律的工人阶级也自然是一个有见识、审慎的，在公众面前足够活跃的工人阶级，他们通过大量审查、批判和在必要的地方实施普遍召回和重新选择来执行他们的代表职责。科琴指出，在苏联早期的改革中，正是由于缺失上文提到的这种"无产阶级"而出现了问题。因为缺少这种无产阶级或市民来担任"统治阶级"，苏联的布尔什维克需要先用一个政党来做替代，出于同样的考量继而用党内的领导群体做替代，最后用党内唯一的领导者做替代。基于此，科琴指出只有经过几个世纪的资本主义发展才会出现具备上述能力的无产阶级，无产阶级这一缓慢且坚定的自身建设是资本主义时期内社会主义者的基本任务。

总之，在科琴看来，社会主义世界一定是与我们当前的世界截然不同的，它是一个到处都充满着古希腊雅典人称之为"公民道德"准则的世界，在那里公民的权利和义务都得到了重视，而且事实上这些义务的表现形式也是其权利的一个重要保障。在社会主义世界，公民道德这一原则是具有实现的可能性的，因为私有财产和少数人的掌控被废除了，社会决定实际上是从"共同利益"出发而非从某些阶级的利益出发而做出的。如果物质生产力水平高，工作周期短，那么大多数公民将拥有充足的时间来参加公共活动。

因此科琴认为，资本主义制度下社会主义的斗争应该聚焦于所有能够将公众控制拓展到环境以及这种控制的民主形式上的事件，以及建立责任和自律的集体意识，而且这两个维度是彼此关联的。综观现实，从英国的选民的行为和其他所有西方选民的行为中都可以很明显的看到，选民一直在向掌权的政治家们提出要求，然而掌权的政治家们却并没有实现选民提出的要求，甚至反而处于与选民要求完全矛盾的状态中。例如，降低通货膨胀和充分就业，提高工资和降低物价，更好的公共服务和更低的税收。在资本主义制度下，社会主义者应该为人民争得更多的权力，不仅因为民众权力的扩展能够不断挑战资本主义民主的极限，而且因为只有通过民众权力的实践，才能让工人阶级有能力去建设社会主义社会。事实上，只有通过这一方式，工人阶级才有可能相信自身有能力构建社会主义制度。

二、社会主义与欠发达情形

科琴一直主张在物质匮乏的社会是不可能建构出任何有意义的民主社会的，无论是社会主义的民主社会，还是其他类型的民主社会。关于这一论点，其包含两层内容：一方面，它涉及贫穷国家中的大多数人的物质状况和社会状况，这是他们在自己所处的社会中作为积极公民而充分发挥作用的一个巨大障碍；另一方面，在第三世界的社会主义社会中，它关注的是那些进入公共生活的人的态度和价值观，特别是那些在社会主义社会中占据公职的人的态度和价值观。

从第一层内容来看，致力于研究第三世界国家的研究者常常会发现这些国家中人口的大多数往往在国家政治中扮演一个边缘的或消极的角色。具体而言，一些第三世界国家并不存在政府的普选，因而大多数人是不能有效地参与政治的。在其他的一些国家中，由于存在某种一党制的国家形式，政府普选实际上成为一种保证政权的强制手段。然而在另外一些第三世界国家中，以印度为例，印度的政治制度是两党制的，选举可以而且确实给国家带来了政治力量的重要变化。但是在农村地区使用权力和恩惠往往意味着地方或国家的政党通过强制和贿赂的不同组合方式以获取选举的胜利，这在一定程度上对穷人造成了一些影响，譬如他们能够"出让"自己的选票以获得一定程度的物质或社会收益，但他们的选举常常是基于对政党意识形态以及国家政治事件的最低限度的理解。尽管不同国家和地区间的情况差别很大，但它们在解释这种政治惰性时都存在同样广泛的因素，特别是在农村人口占主导地位的社会中。实际上所有信息都表明，农村地区的人口在身体和智力方面的需求或者屈从于仅仅维持生存，或者屈从于在贫困中实现最低程度的安全以及向上的流动。此外，这种政治惰性还受到健康和疾病（影响到身体和精神）、高度文盲率（特别是女性文盲率）以及农民居住地在空间和社会上的孤立性等因素的影响。在拥有大众传媒和网络媒介的今天，农村人口并不会被完全隔离于国家事件的信息和新闻之外，但是由于经验和知识层面的欠缺使得农村人口并不能理解那些呈现在自己面前的信息。同样的能力缺失在城市中的贫困人口那里也有体现。

人们应该清楚地认识到政治惰性的确切本质，或者更准确的说是政治无能的确切本质。这种政治惰性或无能并非存在于那些在社会政治进程中完全处于边缘的穷人身上，有时穷人会以一种强有力的或爆炸性的方式"介入"政治进程中去。科琴指出，阿尔及利亚、莫桑比克、安哥拉和越南的农民解放战争就是这种介入政治最壮观的景象，此外还有相对逊色的印度、非洲国家和东南亚国家的反殖民主义运动。然而，尽管农民常常是可以被动员参与到反殖民主义斗争和革命斗争中去，但是农民常常是被农民阶级以外的力量所动员起来的，他们往往是农民出身的城市知识分子。在某些社会中，宗教也是动员农民的一个强有力的力量，尤其是在伊斯兰社会中。然而从历史事件来看，这种爆炸性的群众干预政治进程的活动往往是偶然的。而且一旦这种爆炸性的群众干预政治进程的活动发生了，那些引发爆炸性群众干预政治进程的因素，如贫穷、文盲、疾病、孤立等就会不断阻止这些国家中的大多数公民对国家层面的日常决定过程做出任何有效或持续的监督或控制。当然，在许多第三世界国家中，并不存在一个符合宪法的方式来让他们这样做。但是即使在符合宪法方式的社会中，物质因素保持着对大多数公民来说纯粹正式的可能性。例如，在印度，全部成年人口中仅有一小部分是政治活跃公民，且这些人主要是来自富裕阶层，或者至少是来自社会中并不贫穷的阶层。军事政变常常取代第三世界的民选政府，而前文提到过的那些元素也是对军事政变缺乏有效抵抗的部分原因。

基于上述观点，科琴具体分析了1917年俄国的十月革命，他认为这段历史最痛苦和悲剧性的是，这场革命以一个大众力量（俄国工人阶级）的名义发出革命声明，然而工人阶级从一开始就只是这个国家总人口中极小的一部分，而且他们在之后的战争和内战中或者是被消灭掉，或者是不能有效地行使应有的权力。在这种情形下，一个极小的执政党以工人阶级的名义行使权力，刚开始是"暂代"但最终变成了永远的取代。这种政治模式，最初是由历史环境强加于布尔什维克的。越南、朝鲜、古巴、莫桑比克和安哥拉，以及东欧都复制了这一政治模式。科琴认为，在这些由工人或农民行使国家权力的国家及政党中，缺乏有效的宪法控制，而且这种政治模式对行使权力的人员约束力有限，公正使用政党和国家的权力依据的是领导和其他党员干部的自律。而这种自律又基本取决于服务人民、服务革命等一种革命伦理的意识形态承诺。

针对第二层面的内容，科琴指出，对于第三世界中的社会主义社会和资本主义社会而言，它们都一直面临着如何行使公职的问题。这一问题一般都会以"腐败"的形式呈现出来，但是这掩盖了一个更深更广泛的问题。简言之，公职为私人利益服务这一问题，这在世界上许多贫穷的社会里被认为是正常的，甚至是不可避免的。而且事实上人们认为如果公职不能够为私人利益服务的话，那么公职也就不值得去获取了。因此在许多第三世界社会中，对于获得公职的个人和其家人而言，公共服务工作就代表了一种社会和经济层面向上流动的重要途径，有时甚至是唯一的途径。这种情况在非洲是非常常见的（在资本主义社会和社会主义社会都有这种情况），同样地，这种情形也常见于其他第三世界社会。一般而言，这种公职私用的影响就是使得公共权力的使用服从一个相当原始的、直接的经济需求。这种情况下，公务人员对忠诚的宣誓则被普遍认定为是对个人贪婪和野心最单薄的、最愤世嫉俗的掩盖。公众的蔑视使得政治家快速渗透到少数熟悉公共生活的人中，因此许多第三世界政治制度并没有能够"肃清"军事集团，故而相应的军事政府快速的以同样的方式而产生。

基于这种问题，第三世界中的社会主义和共产主义政治制度都试图让自身免于此种问题，他们采用的方式是推广一种服务民众的禁欲主义革命道德。从某种程度上看，在苏联早期和第三世界出现以来，这种革命道德至少在最高领导权上矫正或预防得比较成功。但是在低级别的官僚机构和公共服务上（公共服务在社会主义社会的工作中占了一个很高的比重），则越来越难灌输或强化这种禁欲主义的革命道德。因为随着国家和经济的发展，政府会不断吸收新"干部"，这些干部也许并没有接受过任何共产主义或社会主义教育，或者这些干部接受过这样的教育只是他们自己将其忽视掉了。在这种情况下，就难免会出现"机会主义者"渗透到民众中，但是这些人作为"工人"和"农民"的典型代表又是革命可能的构成部分。因为出身贫困的工人和农民通常对公职并不感兴趣，但假如获得公职能够使他们不再成为一个农民或工人，或者使他们不再贫困，情况就另当别论了。由于民众在国家和"社会主义社会"的实际运行过程中遇到的都是中低层级的干部群体，这种官僚主义行径因而能够很快产生大规模的犬儒主义，人们也许对这种官僚主义非常反感和不满，但也仅仅是消极待之。

　　鉴于这是一个非常敏感的问题，科琴明确阐明了自己的价值判断。他认为将列宁同许多旧的布尔什维克区别开来的革命禁欲主义，是值得欣赏的。现实中共产主义政权的社会中所取得的大多数物质进步，革命禁欲主义的确是进步产生的一个必要因素。然而，科琴指出，如果这种禁欲主义在广大贫苦的农民和工人间得到普遍认同的话，尽管只是农民和工人中极少数对此表示认同，那么其在社会上都将会是非凡的，我们并不能随意地在道德上对其进行谴责。因为物质极端贫困是非常令人痛苦的，那些因环境而非因选择而造成的穷人，他们无论在理智上还是在感情上都是处于弱势的，因此他们希冀不计任何代价、任何方式来摆脱贫困的渴望不仅是正常的，而且是有益于他们健康的。然而，这对于创建并维护一个有意义的社会主义则不是一个适宜的态度。正是基于这点考量，科琴坚持认为真正的社会主义社会只能在使得一个绝望的、缓慢前进的个人主义成为必要的物质条件而被废除的时候才能够得以创建的主要原因。

总之，科琴认为物质贫乏的社会不能够产生作为构建社会主义民主的必要先决条件的民主公共生活，因为总体的物质贫乏和孤立以及与这些物质条件相伴随的文盲和狭隘的知识视野，所有这些都使得社会中绝大多数公民作为公共权力使用的持续监督者和控制者并没有发挥应有的作用。这意味着即使在权力是用来为他们谋利益的地方（在第三世界的社会主义社会中），大多数民众在定义什么是"普遍利益"时仍没有发挥其应有的作用，事实上关于"普遍利益"等定义几乎都是出自执政党或执政团体之手。在第三世界的其他社会中，权力是根据普遍利益而运行的。此外，在第三世界中无论是资本主义国家还是社会主义国家，它们在公共生活中，尤其是公职的履行过程中，都或多或少的存在利己主义的问题。这一问题常常会出现在资本主义的外围国家（尤其在非洲），在这些国家中利己主义转化为一种尖锐的、愤世嫉俗的言论。在第三世界的社会主义社会中，一个真正的思想动因可能仅存在于党内的高层精英之间，而在下层这常常让位于一种或多或少的机会主义操纵下的修辞，这种机会主义操纵下的修辞往往产生于大量中低级官员的"急功近利"（这些中低层官员常常是从农民或工人阶级中产生出来的）。总之，为了回归传统的类比，在贫穷的资本主义和社会主义社会中物质"基础"以一种直接、原始的方式决定了政治的"上层建筑"。

科琴进一步强调，假如社会主义不可能建设在物质贫乏的社会之上，那么在第三世界中无论是资本主义社会还是社会主义社会，其工业化和物质生活水平假如能够实现普遍程度上的极大提高，那么人们将能够见到在公共生活的规模和深度上的一个持续的扩张，以及在行使政府权力和反对政府权力上都出现与日俱增的真正的意识形态争论。这样，在第三世界中也会发生发达社会中常见的现象，即越来越多的人自觉投入明智的政治活动中，与此相伴随的还有阶级、性别和其他斗争的集中爆发。

在评估第三世界各种经济和社会类型的各自的优点时，人们显然会支持任何一种以最低的社会和人力成本来尽快实现过渡的政治经济体系。此处的问题在于评估的标准可能不符合社会和人力成本最低这一要求。因此就有了一个司空见惯但有一定弹性的构想，在这一构想中尽可能快是符合最低的社会和人力成本的。科琴认为自己是一个传统的"第三世界主义"马克思主义者。但是当运用上述标准对非洲大陆上的资本主义路线和社会主义路线进行比较时，科琴却无法得出资本主义路线是错误的结论的。

无论在资本主义中还是社会主义中，如果这种工业转型能够成功，那么它至少会满足一个民主的公共生活产生的必要条件，即将绝大多数民众从赤贫中解放出来。但是由于这并不是这样一种民主的公共生活产生的充分条件，因而其不具备过渡到社会主义民主的可能性，也不能保证出现这样一种民主的公共生活。事实上，致力于让第三世界中越来越多的群体拥有政治意识并参与政治活动是这些国家中社会主义者和激进分子的一个主要目标。

科琴之所以不断强调社会主义民主的重要性，是因为他看到了一些国家在社会主义建设中的弊端，特别是与政治独裁相伴随的对社会财富巨大的分配不公（例如，在南非和巴西）。他指出生活在资本主义社会外围的社会主义者们的生活是贫困的，即使对现有社会财富进行一个激进的重新分配也不会在任何程度上改善社会总体的生活水平。由于科琴非常重视对第三世界，特别是非洲国家的研究，他列举了肯尼亚的事例来论证自己的这一观点。他指出，直到最近，肯尼亚的社会主义者和激进分子仍相信他们具有一个基于其邻邦的社会主义国家坦桑尼亚发展经验基础上的适合肯尼亚发展的备选模式。然而，近期也有足够的证据表明自 20 世纪 60 年代以来坦桑尼亚的绝大部分农民和工人的生活水平下降了。面对这样的证据，一些肯尼亚激进分子已经转向一个对于肯尼亚资本主义更谨慎的"改良主义"立场，他们致力于在维持资本积累和增长机制的基础上更广泛地提高经济增长带来的利益。这种转变很容易被认为是对机会主义和改良主义的投降，但是他们的确代表了对过去确定的事物被改变的一种回应。科琴认为，肯尼亚的激进分子和社会主义者仍将会继续摸索他们前行的道路，处理遇到的问题并在他们从一个阶段进入另一个阶段时展开讨论。这个讨论更侧重于表达在第三世界中社会主义建设不需要进化论的观点，社会主义者应仅仅充当资本主义的被动观察者，直到生产力、材料和社会状况对于某种历史进程上的社会主义而言已经足够"成熟"为止。科琴强调，即使在相对贫穷的社会里，物质财富的增长与培养具有政治意识的公民和创造民主的公共生活都是需要齐头并进地发展的。

但是不容忽视的是，相较于社会主义或资本主义的社会，具有一定程度政治自由（如言论自由，集会自由和政治表达自由）的贫穷社会更容易出现政治经济转变同时发生的现象。在专制社会中，建设更大的物质繁荣、增强公民和工人阶级的政治意识以及政治经济力量，经历了最初在少部分精英群体垄断发展至普遍寻求民主改革以及收入和财富的重新分配的革命过程。然而在社会主义民主的转变中，工人阶级似乎更关注的是"资产阶级"自由的要求（言论、出版、集会和政治代表自由），但是这些要求早在追求工业化的时候就已经被明确否决了。在反对资本主义独裁统治的革命中，也会照顾到这样的要求，但是除此以外也应该照顾到一个社会和经济计划中财富和收入的重新分配。从现实情况看，在波兰的社会运动表现出对"资产阶级"自由的追求，而在南非和巴西的社会运动则展现出对财富和收入重新分配的追求。

科琴认为，无论是资本主义还是社会主义，在那些政治权力的行使和政治辩论已经被少数人垄断的社会中，对于社会中的多数人而言，当他们的物质生活水平、教育水平提升时，他们就产生了受压迫和追求自由的意识，继而他们会本能地对"革命"改变现状产生乌托邦式的期待。

科琴认为，第三世界国家中之所以公共生活是上述情况，原因之一就在于当社会中的大多数人都处于贫困之中时，当大多数人仍挣扎在从基本需求和剥削的限制中获得或维持一些自由时，他们的生活更多的是为了生存而忙碌。这种状况令人想起现代政治博弈论中的"零和游戏"（有绝对赢家和彻底输家的游戏）和 17 世纪英国的政治理论家托马斯·霍布斯（Thomas Hobbes）所说的"一切人反对一切人的战争"。在物质贫困的社会中，人们更倾向于从物质回报的角度去看待他们的活动以及他们全部时间和精力的投入。因此，对公职的追求仅仅是摆脱贫穷、追求财富的众多策略中的一个。这种绝望的个人主义在贫困的社会中是如此的明显，这不仅是因为赢家占有了全部，还因为输家失去了一切。未能充分利用发财致富的机会以及未能获得发财致富机遇的代价就是绝对贫困（压迫和彻底贫困）。因此，在这样的社会中，政治斗争中的赌注往往更大，回旋的余地更加有限，失败的惩罚更加沉重，胜利的回报更加珍贵。

物质贫乏社会的这种情况又常常被拿来同物质富裕的社会作比较，因为彻底的贫困和剥夺在证据方面是很少的，现实中社会资源的政治冲突要比"零和游戏"缓和得多，鲜有输家是输得一无所有的，政治冲突中赢家的特权并没有同输家的损失相关联。科琴认为，伟大的"游戏"或回旋余地之后是对某种政治争端和原始物质利益冲突的相对自治。确切地说，这种相对自治以这样一种方式存在，即在繁荣的资本主义民主国家中，个人利益和集体利益只要政治上合法就必须存在。当然，在很大程度上，政治和政治争端是关于社会中个人和集体利益之间的冲突。但是冲突主要是为了寻找到某种能够解决利益冲突的道路，民主游戏的规则的根本在于个体和集体必须去论证属于他们的利益也属于"大众利益"的是什么。"大众利益"可以采取各种各样的形式。一些个人或集体也许会根据"国家利益"或者一个阶级的利益、一个激进组织的利益、一种性别的利益、统治团体的利益又或者"社会作为一个整体"的利益来要求并论证其行为。一方面，常常有人说一个特定团体的利益往往能反映出真正的大众利益；另一方面，还存在相反的言论，即追求或满足这些特定团体的利益或要求可能会损害大众利益。但是由于在先进的资本主义民主国家中，大众利益的任何特定定义都可能受到与其相对立的定义的挑战，个人和集体意识到简单地宣称一个特定群体的利益与大众利益相辅相成（例如，"对通用汽车有利就是对美国有利"）是不够的。每一个利益冲突的团体都应义不容辞地弄清楚大众利益究竟是什么以及为什么特定群体的利益与大众利益相辅相成，例如为什么对通用公司有利的东西对美国也有利。科琴强调，不仅资本主义社会应该这样做，社会主义也不应例外。社会主义者也许会试图努力停止将资产阶级的利益作为"国家整体"的利益，但是难道马克思自己没有论证过推翻资本主义和建立社会主义将不仅是资本家的解放也是工人的解放吗？难道马克思没有说过社会主义制度下工人阶级的作用将是通过推广市民社会而消除自身作为一个独立的阶级吗？

此外，科琴指出在发达资本主义社会担任公职的人通常不以权谋私，他们致力于追求大众利益。一般而言，他们能够不混淆自己的公职和自己的个人经济利益，因为他们有能力这样做，这不仅是因为他们拥有一种特权物质生活，而且因为他们出生在已经享有这种特权很久的社会阶层中。因此，尽管在发达资本主义社会中，个人的物质利益和特定群体、特定阶级的利益在社会政治中仍占据重要的地位，但这些利益是以公开的形式表现出来的，其承认政治和公共讨论与私人利益之间存在一个真正的"间隔"。这种经济和阶级利益上的"间隔"或者政治上的"相对自治"又是仰仗社会的普遍物质财富的。当社会物质财富匮乏时，社会上则没有太多空间来允许形成这样的间隔。因此，政治和公共生活更像是一个通过暴力争夺的战利品，政治生活更多的是由尖刻、愤世嫉俗的言论构成，而开放的方式则成为了个人或团体致富的手段。因此，科琴认为只有在经历了长期稳定的工业化和经济增长的社会中，政治上的相对自治才会明显趋于成熟。也只有在这样的社会中，大量人才才能从贫困中解脱出来，这种解脱不是一代人的解放而是以后数代人从贫困中解放出来。这种解放使得他们能够从公共生活的角度去思考和行动，他们甚至可以超越个人利益或阶级利益去思考以及行动。概括来说，就是一个社会的物质越繁荣，其政治就越不可能单纯地反映个人利益或群体的物质利益，随之而来的是政治上和意识形态上的冲突不会减少。科琴认为，正是因为这一点，社会主义更可能出现在发达资本主义社会之上，资本主义的长期发展将增加社会主义建设的机会，特别是有利于建设一种民主的社会主义。

因此，科琴反观 20 世纪 80 年代英国工党的选举，指出"成为一个社会主义者并不是要去支持工人阶级的经济利益去反对资产阶级的经济利益，而是应该从大众利益出发，通过消除阶级本身来超越阶级自身的利益"①。因而，当工人阶级越少面临严苛的经济问题和与日俱增的物质消费问题时，阶级就越可能将自身包含到"真正的"大众利益的讨论中，而议会民主制给这样的讨论提供了一个机会和场所。

三、空想的反资本主义

在讨论工人阶级概念、社会主义民主等问题上，科琴不断重申他关于社会主义的观点，即社会主义只能产生于物质富裕的资本主义社会，因为发达的资本主义社会拥有一定程度的民主和自由，其有希望成为一个民主的社会主义，这种社会主义是包含人类解放在内的社会主义。这仅是科琴在理论层面的思考，反观 20 世纪 80 年代左右的世界，科琴开

---

① Gavin Kitching，*Rethinking Socialism：a Theory for a Better Practice*，London and New York：Methuen，1983，p. 63.

始思考如何在现实中践行这一理念以及社会主义如何能同自由联系在一起。

然而科琴也看到，一些理论家基于现实社会主义的情形，对马克思主义发动恶意的攻击，他们声称在马克思和恩格斯的思想中就可以看到极权主义的种子。其中最典型的就是卡尔·波普尔的《开放社会及其敌人》一书。在这本书中，波普尔认为马克思和恩格斯是历史决定论者。他认为马克思主义的创立者声称知道历史前进的方向，并知道驱动历史朝这个必然方向前进的是经济力量。因此波普尔说，持"经济决定论"信念的马克思主义者不仅认为其对手是错的，认为其是反动的，其阻碍了必然的历史进程，而且他们将自己视作历史进程的推动者。斯大林在意识层面不断强化他自己是历史的推动者，而且是任何情况下都必然发生的历史进程的推动者。科琴指出，将马克思主义视作经济的或历史的"决定论"的观点并非起源于波普尔，但波普尔的确对这种观点给予了最广为人知的传播，因此社会主义知识分子不得不常常面对这一观点的指控。

此外，科琴看到一些赞同社会主义和马克思主义的人也在重复"决定论"这一主张，譬如 E. P. 汤普森（E. P. Thompson）在他的《贫困的理论》一书中对此作了最深刻的表述，尽管他是以一种比波普尔更精妙的且不那么极端的方式呈现出来的。就本质而言，汤普森认为马克思应为他所说的"经济主义"以及社会是通过"生产力"发展而发展感到内疚。汤普森认为，如果按这种方式构建的社会，那么马克思给社会和历史的发展提供了一个狭隘且谬误的观点。特别是，马克思倾向于接受资本主义工业化标志着人类历史上的"先进"变革这种观点。尽管马克思被认为是资本主义的首席批评家，是工人阶级革命的理论家，但事实上他认为资本主义是"进步的"，因为资本主义促进了物质生产和社会财富的增长，资本主义产生了社会主义革命所需的工人阶级和运营社会主义社会的技术。汤普森认为，这实际上是马克思对资本主义工业化的巨大讽刺悖论。工人阶级产生的同时，资本主义内部也生出了导致其灭亡的手段。尽管马克思详细描述了 19 世纪英国第一批工人的悲惨遭遇和工厂的剥削，但他从未否认新的工人阶级的生活水平要比前工业化时期过着"愚昧的乡村生活"的大多数人的生活水平要高。

汤普森认为马克思感兴趣的仅仅是产业工人作为"剩余价值"生产者的经济作用以及他们在革命中的潜在政治作用。汤普森认为，如果考虑到工人的想法和感觉，考虑到他们的家庭和个人生活、他们的愿望和信念，考虑到一种广义上的前工业化时期农民和工匠的生活，那么马克思也将不确定资本主义工业化是否具有"先进性"。在《英国工人阶级的形成》中，汤普森试图将这展现得更广一些，他描述了人类历史上第一批产业工人阶级，他断定对于大多数产业工人而言，资本主义工业化无论如何不是一种"先进"转变。相反，对于大多数处于资本主义工业化中的人而言，资本主义工业化更像是一个严重的灾害。对于汤普森而言，传统的马克思主义和更加传统的非马克思主义经济史在这方面都存在错误。他们都认为工人阶级生活的标准问题或者工业化相较于前工业化的世界的优势问题能用纯经济证据，即用产出、投入、个人平均所得等来回答。但是，汤普森认为"生活标准"的概念不仅仅包括金钱收入或者物质状况（诸如住房、环境卫生、健康），还应该考虑到生活质量、自由及不自由的程度、自治和自主的"无法估量"的损失。

《英国工人阶级的产生》不仅产生了一种同激进的"社会"历史传统相类似的人本主义观点，而且对于汤普森而言，传统马克思主义的经济主义问题是同以其名义所犯的罪行相关联的。因为，假如人们相信只有通过工业化带来的物质繁荣才可以带来人类真正的自由，那么人们也会相信为了正当目的可以不择手段，例如，为了尽快实现工业化和未来真正的自由，拒绝当前全部的自由也是正当的；斯大林所做的都是正当的。汤普森并不认为这是斯大林主义和马克思自身思想间唯一有关联的地方。在斯大林主义的苏联，以及在那段时期的大多数共产主义国家中，对所有文化、艺术活动和表达都实行严格的审查制度，而且这种行为被一种文化生活的"阶级解释"证明是正当的，艺术、文学、音乐等存在无产阶级的和资产阶级的区分，国家力量必须确保只有无产阶级的文化才能传播。在这种审查制度发展到最极端的时候，甚至影响到了苏联的自然科学实践，要求将自然科学结论修改到适应党的路线。在《贫困的理论》中，汤普森认为马克思需要在一定程度上对此负责。马克思和恩格斯都是受过良好教育的人，他们在自由辩论中使得自身思想蓬勃发展，而且即使当别人并不同意他们的观点时，他们也没有试图去审查别人。汤普森认为，尽管如此，但是马克思和恩格斯存在将社会和文化生活作为一个整体简化为经济和阶级问题的倾向，因此他们的一些著述为"无产阶级的"艺术和科学观提供了正当理由，证明以此为名的镇压和审查是正当的。

科琴认为，汤普森的这种希望避免"经济主义"和"还原主义"的愿望产生出一种具有强烈社会性和人文性的历史，这也影响了激进的社会历史传统。由汤普森的《英国工人阶级的产生》激发出的历史观，经过拉斯金历史研讨会(Ruskin History Workshop)组织，在《历史研讨会杂志》(*History Workshop Journal*)中重建，其以对资本主义抽象视角出发重建了英国工人的历史，其主要以工业革命前的历史为主。历史研讨会提出的最具社会性的历史是关于特定工人群体的小范围的局部研究，其详细描述了他们的工作状况、家庭生活、习俗、娱乐、信仰和他们的政治活动或产业活动(如罢工、怠工等)。历史研讨会成立的最重要目的之一就是将普通工人的历史从传统经济和政治历史("统治阶级的历史")中拯救出来。在这种具有社会性的历史中，资本主义仅表现为"背景情况"的速写，或者表现为被雇佣者用罢工或其他形式来反抗的敌人。事实上，这个历史是"社会性"的历史同其是"社会主义的"历史一样重要，它只是一个用来反对传统的经济和政治历史而定义的历史形式，它首先关注宏观经济形势，其次关注"伟人"在议会中的行为。相较于从传统历史中汲取的灵感而言，这种社会性历史更多的是从微观社会学乃至全部社会人类学中汲取灵感。传统的经济和政治社会作用一个国家或国际的范围，社会历史则作用于一个有限的小范围。前者主要关注总量和趋势，后者则关注局部和地方；前者处理的是公共生活，社会历史处理的是"私人领域"，对应的是家庭、抚养子女、两性关系和娱乐。

科琴指出，这种从事局部的、小范围的研究，关注工人或个人这样的小群体，处理短期问题的历史方法，其主要影响的是那些致力于"重建"工人阶级生活的丰富性和人文性的人。同时，这种方法也是一种很难掌握大范围运动或长期趋势的方法，而且正是因为这一点，这一方法在认识层面存在只见树木不见森林的风险。关于这一点，科琴以一个从 18 世纪晚期纳尔斯伯勒森林圈地运动的描述中摘录的内容为例子来解释，"可怜的佃农和他的家人由于活跃的工业而改变了他们的懒惰，他们获得了奢侈的工资；数百人被从远方诱导来提供劳动力；不同工种的劳动力，木匠、工匠、铁匠、泥瓦匠都聚集到这里得到持续的雇佣。虽然在分配开始之前已经发生了一些暴乱，但现在情况已经发生变化了；由于外来援助，劳动保持快速增长……最后，产品数量的增加远超出设想，剩余产品有三倍之多，人口数量也呈现出很大比例的增长"①。从描述中可以看出，这个区域圈地运动的历史开始之前"贫穷的佃农"所处的情境，记录了圈地运动之初他们的担心和焦虑，继而发生暴乱，当地政权对暴乱予以镇压。这样一段历史描述不可能是"不真实的"，它强烈且生动地捕捉到了一个转瞬即逝的历史运动，但是如果其没能根据事实而记录，那么它依然是严重误导的。

基于此，科琴表示，这实际是大量空想的反资本主义社会历史会做的事情。空想的反资本主义社会历史会说，"预言是存在的。预言在现在以及过去都被当作关于一系列事件的一个历史事实，对那些经历过这段历史的人而言它是可怕的，因为预言发生了，而且无法解释。只有那些有后见之明的人能幸免于未知的恐惧"②。这就是历史方法中"经验"特权所意指的内容。在汤普森那里，这种历史方法不仅反对"经济主义的"马克思主义，而且也反对全部关于工业革命的传统"经济主义"历史。如果这意味着统计总输出、投入和个人平均所得的话，那么这样的历史

---

① Gavin Kitching, *Rethinking Socialism: a Theory for a Better Practice*, London and New York: Methuen, 1983, p. 71.

② Ibid., p. 71.

已经被资本主义完全充斥了。统计输出、投入和个人平均所得的上升数据连同英国企业家的故事一起，都有力地支持了对英国工业革命的正统解释——正统解释将工业革命视作人类历史上最重要的以及最具进步性的经济变革。正如已经分析过的，汤普森在《英国工人阶级的形成》一书中就是希望向工业革命的这个完整的"进步性"概念发起挑战，但是他挑战的手段是通过描述和分析那些从该阶段更广泛的宏观经济趋势以及与其相伴随的社会事件中抽象概括出的 18 世纪早期工人阶级的态度、信仰、变化的生活模式和政治运动。正是这样，英国"工人阶级"的"社会"历史得以从英国资本主义的"经济"历史中分离了出来，这种分离几乎成为历史研讨会后续工作的全部内容。

科琴认为，以汤普森为代表的历史研讨会成员的这种作为是非常重要的，这样一种知识层面的趋势反映并强化了英国左派的政治态度和信念。英国工会的大部分领导，以及工党中本尼特左派的成员都接受了"历史研讨会"的激进的社会历史，科琴将这种态度称之为空想的反资本主义。这种空想的反资本主义观点将英国资本主义的发展视作只对工人造成消极的、损害性的后果，并将任何工人团体反对这种后果的活动都视作是英勇的。这种空想的反资本主义的核心就在于，它认为"工人阶级"的社会和文化生活的任何方面乃至全部方面都是值得研究的，而这种价值仅在于他们是"工人阶级"，或者更准确地说，仅仅是因为他们是人，他们在人性上是完全平等的，因此值得那些自身历史已经很丰富的中高级阶级（包括中高级阶级本身以及更传统的历史学家）去记录。

科琴认为这种空想的反资本主义是反资本主义的而不是社会主义

的，因为其从本质上看呈现出的是一种消极的姿态。历史研讨会的历史学家们，就像工党活动家一样，他们常常知道自己反对的是什么，但是他们不清楚他们为什么而反对。从本质上看，他们只是反抗者而不是革命者，因为尽管他们哀叹并攻击资本主义在过去和现在对工人生活所造成的影响，但他们却鲜有知道或者完全不知道如何才能改变资本主义。一旦人们注意到这个问题以及世界上实际存在的社会主义社会的经历，那么这个问题就切中要害了——资本主义强加于工人身上的束缚，哪些是在任何形式的复杂工业经济中都是共同的，哪些对资本主义来说是独特的？那种共同的束缚是不能够通过社会主义变革改变的，而资本主义所特有的束缚则能够被改变。因此，人们必须清楚两种束缚之间的区别才能创造出某种现实的社会主义策略。然而，一旦人们试图弄清楚这个区别时，经济理论和组织的复杂问题就立即出现了。这正是激进的社会历史的一个标志，是英国工党在过去和现在的一个标志，即众所周知的经济上的疲软。

科琴指出英国工党或者英国的社会主义之所以会出现空想的反资本主义，则需要追溯到英国工党的形成和 19 世纪英国大多数社会主义团体形成的历史背景中去。英国工党和 19 世纪英国大多数社会主义团体都形成于一种理智的氛围中，他们远离古典政治经济，实际上英国大多数早期社会主义思想家的观点都是反对亚当·斯密以及古典学派的；他们也远离新古典主义继承者以及马克思主义的经济学。基于人本主义立场，英国社会主义对所有这些经济理论都充满敌意，尤其是知识分子占主导的英国工党，最典型的就是擅长社会政治而不擅长经济的费边社。工党一度曾是由那些极关心收入和财富一旦产生如何能够被更公平的分配和"福利性"使用的人占主导的，但是财富却是由那些对财富过程不太感兴趣的人所生产出来的。更有趣的是，当工党在第二次世界大战后采用凯恩斯的经济理论时，凯恩斯本人在政治上是自由主义的，在现实态度和信仰上是反社会主义的，这与工党本身的主张可以说是并不一致的。凯恩斯的经济理论，就像费边社会政策一样，依赖于假设资本主义市场经济已经解决了如何生产出数量不断增加的物质产品和服务这一基本问题的基础之上。凯恩斯经济理论关注的是如何保持经济稳定的增长（而非繁荣和衰退）以及如何让经济发展兼容充分的就业。正是凯恩斯经济理论中的这个本质上是福利主义的目标吸引了工党和工会的注意力。

但是为什么英国的社会主义总是如此厌恶经济学以及任何形式的经济理论，为什么英国社会主义的知识分子中很少有经济学家呢？科琴认为这主要是由于关注增长和积累的长期基本机制会将问题集中到一个空想的反资本主义所不能处理的问题上。例如，（1）为了避免通货膨胀，实际工资必须同劳动生产率的增长保持一致，这是真的吗？（2）由工会争取到的货币工资的增长与生产力的增长并不匹配，对工人来说这只会带来短暂的利益（其最终会被通货膨胀所侵蚀），这是真的吗？（3）在任何经济体系中，存款将必须由用于资金投入的当前消费组成，因此在任何有着持续增长的物质生活水平的体系下，劳动者的"全部产品"是不能够归生产这些产品的工人所有。这是真的吗？（4）不管怎样，现在将生产和净投资仅视作"劳动"的产物有意义吗？（5）如果资本主义劳动有助于创造利润，那么这是否意味着资本家是市场经济中的基本或者不可替代的一部分吗？（6）市场机制是目前为止保持土地使用大致符合这些资源的相对供给最有效的机制，这是真的吗？（7）市场经济是否比中央计划更有效？（8）经济部门和活动通过政府补贴的形式而存在，即使其在短期内能够维持或促进福利的增长，但中长期的影响是经济中总产量的降低以及受补贴人群福利的减少。这是真的吗？科琴对这些问题的回答是，（1）真的；（2）真的；（3）真的；（4）无意义；（5）当然不是；（6）真的；（7）真的；（8）取决于非常特殊的情况，但是目前答案是什么无关紧要。科琴认为，如果要认真对待创造一个资本主义的替代品，那么必须认真思考这些问题并做出回答。如果想对货币主义做出有效回应的话，那么这些问题也是应当予以回答的。然而，如果仅关心反对资本主义所面临的阻力是什么，却丝毫不关心创造资本主义的替代物的话，那么这些问题就没必要回答了。而且事实上，如果仅关心反对资本主义会面临什么阻力的话，这些问题的提出反倒会削弱反抗者的斗志。

科琴进一步指出，历史研讨会的历史，是反抗的历史，是与英国传统的工会主义相对应的最完美的知识，同时它也是一个反抗运动。在资本主义社会中反对资本主义的一个基本要求就是必须拥有一个反抗所依据的道德规范。因此，关键问题并不是"资本主义有效吗"（这只是对于资本家的问题），而是"资本主义公平吗"；问题不是"资本主义有积累吗"而是"他们对工人好吗"；基本问题不是"什么决定了资本主义制度下收入和财富的分配"，而是"这样的分配是公平的抑或仅仅是恰当的"。现在，这样一种道德规范对于社会主义者而言不仅是必要的而且是令人满意的，因为道德规范帮助他们提出了一些正确的政治问题：收入和财富的分配如何能够公平？一般意义上的生产和经济企业如何以所有人都要对其他人好的方式进行呢？但是这些问题也具有潜在的危险性，因为如果离开了这种纯粹的道德形式，它们是非常不完整和令人误解的。例如，"在维持财富创造的一个最小有效形式的同时，如何使得收入和财富的分配公平?"或者"在维持足够的原则来确保它们的基本作用不被损害的情况下，如何使得经济企业或其他组织更民主?"这些问题对于社会主义而言，无论是从理论上还是从实践上都很难予以回答。这些问题被归为伦理—技术问题，仅仅通过社会主义道德是不能够克服这些问题的，此外还包括经济和政治理论的使用。科琴再次强调，没有这样的理论，反抗者拥有的就只有空想的反资本主义的道德规范，这种道德规范通过让资本主义的辩护者在他们的任期内处理困难的经济问题，这实际上就是放弃了自身的立场。正因如此，空想的反资本主义是工会在实践中"留给经理去处理"的态度在理论层面的完美等价物，其以一种最终的无主义为代价换来了一种道德上的纯粹，而这种无主义只会给资本主义的辩护者及资本主义自身带来好处。

总之，科琴认为在 19 世纪 80 年代的英国乃至世界上其他地区资本主义发展的真正历史图景中，空想的反资本主义是不可能的，虽然这种空想的反资本主义是真实的但自由和民主是有限的，它是具有创造潜力的但同时也是沮丧的，它是秩序与无秩序的共存。在空想的反资本主义的错误信仰中，"经济主义"不仅导致向资本主义合理性的投降，也导致了斯大林主义，空想的反资本主义不仅阻碍了英国的社会主义者拥有一种现实主义的历史观，更重要的是它阻碍了英国社会主义者更清楚地参与到当前的社会主义建设的问题中去。由于其拒绝全面地了解英国乃至西方世界中大多数人从资本主义发展中真正获得的物质利益以及这种繁荣带来的他们态度的变化，空想的反资本主义在实践中产生了一种几乎没有受到任何欢迎的且与贫困相连的政治运动，最典型的例子就是英国工党中的本尼特左派的实践活动。

四、"先发制人的联合主义"

科琴通过对英国工党及英国社会主义群体中弥漫着的空想的反资本主义予以分析和批判后，明确指出这种空想的反资本主义并不能实现建设社会主义的目标。在 19 世纪的英国乃至世界上其他的发达资本主义国家中，要想构建社会主义则应结合现实的实际情况，拟定一个新的社会主义运动方案。科琴基于英国当时的现实情况，提出"先发制人的联合主义"也许是英国走向社会主义的一个可行方案。

由于科琴的"先发制人的联合主义"是建立在对空想的反资本主义的批判基础上的，因此阐述"先发制人的联合主义"的含义则离不开对空想的反资本主义的批判。科琴延续了其实践哲学的研究方法，将对"先发制人的联合主义"路线的阐述放在 1974 年英国具体的历史环境中去展开。

（一）科琴对"先发制人的联合主义"的具体设想

1974 年官方统计的英国失业人口有 350 万，而非官方则认为英国的失业人口数量极其庞大，尤其是将那些被迫回归家庭却未被登记为失业人口的女性工人计算在内的话，失业人口数量将更加庞大。此外，在失业人口中以年轻人为主，而这些失业的年轻人又以黑人或棕色人种居多。在大规模失业的同时，尽管英国的工业产出在 1983 年 1 月呈现出正增长的势头，但其仍处于自 1968 年以来的最低水平，而且投资也处于停滞不前的状态。保守党政府主张的货币主义野蛮地攻击了许多公共支出领域，特别是社会中贫困群体所依赖的那些领域（例如，公共住房、教育、福利服务等）。此外，第二次世界大战后的英国反对有组织的工人，其在意识形态上明确、尖刻且持续地抨击了工会的权力和权利。保守党的一些发言人近乎公开地声明他们愿意用大量失业的方式来削弱工会、激发工资谈判中的"现实主义"。

在这种情况下，即使非马克思主义者也可以预料到政治冲突的两极分化，失业者以及工会工人在面对战后阶段最致命的和持续的右翼攻击时转而支持左派。然而，现实却不是按照这种可预见的情况发生的。现实恰恰相反，左派政党在选举中的受欢迎程度是与左派在其中的力量比重相反的，这几乎在每一个民意测试中都得到了证实。科琴认为，这将不仅导致本尼特左派在工党内受到进一步的排斥，在工党组织机构内增强本尼特倾向会变得更加困难，而且这有可能成为右派重塑工党作为一个安全的和"令人尊敬的"中间偏左的社会民主政党形象道路上的主要障碍。对于有着左派政治信仰的任何一个人而言，这都是一个悲观的情境，人们应该推动对左派政治思想重新作出一种基本评价。将这种潮流置于中心并远离所有形式的左派政治，人们可以从一些逆潮流的事件中获得些许安慰。这些逆潮流的事件中最显著的三个就是：关注由新一代"战略性"核武器所构成威胁的核裁军运动的复兴；在工党内和工会活动中女性运动在数量和影响上的增长；工党左派政治的群众基础增强。这三个运动共享一个相同的阶级基础和代际基础，它们都不同程度地从主要在公共部门和服务岗位工作的受过良好教育的白领工人那里获得支持，其中几乎所有人的年龄都处于 25 岁左右到 45 岁左右，这些人都是1944 年教育法和整个战后中高等教育推广的产物。由此可知，逆潮流的事件是存在的，这些事件的阶级和人口构成具有有趣且重要的特征，其显示出在未来相当大的扩张能力。但是也不应忽视在具有普遍特权的议会民主制中，广义上的左派主要因人数少而吃亏。尽管左派偶尔能在伦敦街头组织一大群人示威，但左派并没有足够的支持力量，也没有足够的地域集中支持来影响选举的形势。

但是在英国激进政治的代际构成和特殊阶级已经弱化了其关于工人阶级作为一个整体的呼吁。这一点在英国工党中表现得尤为明显，工党的普通积极分子和激进分子以及"普通的"工党选民的数量从未增加。工党的选民认为工党是由那些同自己有社会和意识差别的人控制的，因此在民意调查和补选中他们都不再支持工党了。同样的问题也出现在了工会，工会的管理者、积极分子和普通大众之间同样出现巨大的差距，工会的管理者在社会和政治问题上对工会成员中的左翼分子是很友好的。即使普通大众具有"斗争性"，那么他们的"斗争性"也完全被限制在工资和待遇问题上。这种差异至少解释了近期公众民意调查的结果，即使是工会成员也认同关于"过于强大的工会正在损害国家利益"这一命题。

但重要的是意识到所有这些趋势是多么复杂。因为如果这些在英国工人阶级的职业和性别构成上的缓慢但基本的结构变化为一种激进的政治扩张提供了新的阶级基础的话，那么这种结构变化实际上也虚弱了工党对工人阶级作为一个整体的传统观念的忠诚度。例如，工党或工会的一个积极分支的意识形态观点和职业构成总是同广大选民的意识形态观点和职业构成存在差别。但是工人阶级结构一系列变化实际上已经削弱了工党追随者对其领导阶层的信任度和忠诚度。科琴列举了具体的例子，教育水平的提高，更高的职业复杂性，工人阶级内部的流动性，传统重工业内老的阶级基础群体的弱化，传统上在家庭中女性选举权严重受到男性的父权制的削弱。所有的这些事情都可以被列举出来，它们中的一些被认为是对民主生活有积极影响的令人满意的长期趋势，即使它们在短期内是对左派不利的。科琴表示，尽管他可以列举出这些因素，但一方面他不能完全不遗漏地全部列出，另一方面他也不了解所有这些因素的多重组合，而这些组合将会使英国的选举在其选举行为上变得更加"反复无常"。因此，必须去弄清楚这些变化及其长期意义，以及其在地域上的差异。如果左派政治认识能够超越基本固定的阶级划分，那么其在理论上和实践上仍将是具有吸引力的。

科琴强调了影响工党政治对英国工人阶级控制削弱的因素之一，大众媒体的作用，左派自己也经常提到这一因素。英国的左派之所以在当时的政治斗争中处于劣势，原因之一就是他们拒绝使用大众传播的有效手段，而中间派和右派则充分利用大众传媒强有力且多样的渠道来宣传自己的观点，推动他们的观点在社会每一阶层中的传播。尽管大众传媒对于观念的传播和影响的扩大有重要的作用，但科琴也意识到大众传媒存在一个不容忽视的弊端，那就是大众传媒的软弱性。自 19 世纪晚期开始，英国出现了大众民主政治，右派一直掌握着大众传播的手段，而左派则不得不一直努力让自己的观点得以传播，大众传播的重要性可见一斑。倘若大众传媒并没有这么大的作用，那么马克思就不可能在一个世纪以前就写到"统治阶级的思想在每一时代都是占统治地位的思想"①，关键在于统治阶级的思想之所以是占统治地位的是因为被统治者信任统治者的思想。因此，控制大众传播的手段就是统治阶级思想统治的一个手段。然而这里是存在争议的，大众传播技术的变化和电子媒体取代纸质媒体成为政治思想传播的主要途径，已经使得"思想竞争"更完全地偏向那些有利于资本主义的思想，而报纸生产和分配的垄断趋势已经有了同纸质媒体一样的结果。这种争议有很多值得商榷的地方，因为现代大众媒体特别适合高度集中的控制。自 19 世纪晚期或 20 世纪早期开始的定量变化可能已经成为了定性变化。例如，抛开现有媒体中公然的政治偏见和操纵，左派由于自身成本束缚而有效地被排除在控制大众媒体之外。

　　尽管如此，从历史上看，人们是不可能离开信仰的，即当左派思想适应公众需求或激发公众的不满情绪时，左派的思想也可以以惊人的速度和效率传播。例如，在大罢工中，在战争期间的军队中，在 1984 至 1985 年矿工罢工中，在核裁军运动组织的斗争中，左派的思想确实适应了公众的需求，激发了公众的不满情绪并发起抗争。因此科琴指出，尽管大众传媒存在软弱性的问题，但从一个更深的意识形态层面看，大众一直处在一种失真或幻觉中是危害极大的，左派在近期社会政治中的衰败不能仅仅归因于没有掌握大众传媒，最重要的原因是英国左派和工人阶级被困在一个矛盾中，工人阶级完全没有感知到这个矛盾，而左派却对此非常了解。由于这个矛盾是自生的，因此其总是引发那些原本支

①　《马克思恩格斯文集》第 1 卷，550 页，北京，人民出版社，2009。

持左派的选民怀疑左派。而这个矛盾是什么，科琴指出则需要从英国经济和英国工人阶级的视角出发在英国现实中去寻找。

从政治和意识形态层面对英国经济予以观察的许多观察者都赞同，自第二次世界大战以来英国经济的利润率或多或少是持续下降的，特别是在工业部门。对这种普遍认同的现象的解释是千差万别的，正统的马克思主义认为这是因为"资本有机构成上涨"，其他一些观点认为这是由于劳动力短缺、工会讨价还价的能力增强和国际竞争导致的。科琴认为，这是由于第二次世界大战后工会运动整体的普遍后撤和混乱，以及撒切尔主义构建的一个重复和破坏的模式，该模式大致如下：工人使用包括罢工活动在内的方法来表达迫切要求改善薪酬和条件的需求，左派通常对工人的这种举动予以强烈支持。然而并不确定是由于不恰当的投资，还是国际竞争，还是不称职的管理，工人工资的增长是以减少利润为代价的。在一定程度上，特别是在世界资本主义扩张的时期，利润的这种影响可能被通货膨胀的价格增长所抵消掉。而在当时，价格的增长影响了工人阶级的生活水平，左派也趋向于反对需求价格和股息控制等。然而，在世界会议期间，停滞或萎缩的市场带来极严重的国际竞争，利润的"膨胀"保护不再是开放的。任何试图使用利润的"膨胀"保护的尝试都会造成个体公司没有竞争力并产生亏损、倒闭、失业等现象。在这种情形下，留给雇主保护利润的方式就只有"阶级"的方式了。例如，他们必须减少工资花销，增加产量。换言之，他们必须提高每个工人的生产率，他们通过解雇工人来使得每个产品的工资花费减少，通过倒闭和遣散在中短期内减少了需求而抑制了利润。但是不管怎样，对于整个社会经济系统而言，在短期内冒着利润率持续降低的风险来恢复利润率长期增长的基本情况是理智的。

抛开与货币供应相关的神秘修辞和公共部门借贷需求的通货膨胀率不谈，这就是货币主义的真正的本质。显而易见，撒切尔夫人一遍又一遍强调的是货币主义原则的一个方面，即有关生产力和工资的一个"铁律"，以及拒绝通过增加货币供应来增加工资。因此，科琴指出第二次世界大战后英国左派面临的问题是，在资本主义背景下，撒切尔夫人的逻辑是无懈可击的。只要英国的工人阶级是资本主义下的一个附庸阶级，例如只要全部或大部分工人渴望在资本主义制度下提高他们的生活水平，那么如果他们的生产力至少和德国、日本、美国工人阶级的生产力一样高，那么工人只能不断地提出这样的需求。在一个充满竞争的世界资本主义体系中，与生产力的增长不匹配的是薪金的增长将会变成通货膨胀并且会出现现实的生活水平并不会持续增长的现象。显然在这种背景下，英国的工人阶级也许是西欧最有力的工会工人阶级，但他们的工资是在欧洲经济共同体的平均工资中第二低的。并非只有英国工人阶级需要为其相对低的人均生产力水平负责，英国资本影响了工人相对较低的人均生产力水平。然而无论如何，在竞争的世界资本主义体系中，只要工人阶级的现实生产力仍是相对低的，英国工人阶级的工资水平就会一直处于缓慢增长中。

当时英国的部分工人阶级（如煤矿工人、钢铁工人和汽车行业的工人）向管理层提出了增加工资的要求。然而如果生产力上没有相应的增长，那么这种工资的增长只可能是通货膨胀造成的。随着成本和价格的增长，这些行业的产品在国际和国内市场上将变得越来越没有竞争力，而且随着萧条时期危机的到来，其损失也会迅速增加。在这种情形下，工人要求进一步增加工资则会使工人和管理者处于一个完全对立的情境中。管理者可能会说他们没能力支付更高的工资，因为企业如果没有足够的资金储备是无法运营下去的。当一部分工人必须一方面接受资本主义的理性的让步，另一方面为了经济体系的整体变化而将经济要求转变为政治要求时，问题的关键出现了。一般而言，无论是工人阶级整体还是工人阶级中的部分群体，他们都不希望用这种方式改变"游戏规则"，而且在这种情况下他们将不可避免地做出让步。一旦他们做出让步，媒体就会大肆宣扬这是一种"责任"和"情理"的表现，这会让那些参与到经济斗争浪潮最前沿的左翼激进分子和工会成员像被搁浅的鲸鱼一样陷入困境。

因此，在当时严重的经济衰退情形下，工人开始相信他们最大的希望就是一系列政治和经济政策，这些政策可以满足严酷现实中竞争的需求以及工业准则，但是这些政治和经济政策用"人性"和福利主义调和了货币主义的束缚。当时的英国左派则要求"抵制所有冗余"并要求实行本尼特规则，该规则声称可以通过保护主义的联合来解决问题，然而增强国家调控和工人的控制对于那些时常强烈意识到自身所在行业存在人手过多、投资不足和没有竞争力这些问题的工人而言，这似乎并不是一个答案。当面对货币主义强硬且不容置疑的逻辑核心时，左派的解决方式似乎就显得不切实际和混乱了。因此，左派的解决方式是受到质疑的，此外工党左派的激进分子以及其他人不仅鼓励工人去相信为使工资上涨而进行持续的斗争是无代价的，而且让他们相信雇主谈及生产力和竞争时只是一种宣传，左派的这种行为更加重了外界对左派的质疑。因此，一旦资本主义将工人纳入救济行列时，资本主义危机就习惯性地把英国左派的意识形态不加修饰地揭示出来。

因此，对英国的左派而言，存在一种无止境的重复模式：斗争，发展，对抗，让步，怀疑，然后再斗争，发展……。所有这一切的最终结果就是得到一个在所有可能中最糟糕的世界。英国工人阶级的悲剧在于其在希望改变资本主义体系这件事上既不够激进也不够自信，然而他们在让这个体系"正常"运转方面又太有条理和经济上太激进了。此外，英国在 20 世纪 80 年代的社会经济情况已经表明，如果一个人只在艰难局面时接受了资本主义理性，即人们只有在陷入萧条、亏损和破产时才接受资本主义理性，那么社会和个人的苦难实际上是增多的。例如，尽管英国钢铁工业的收缩与重建是之前就已计划好并逐步施行的，但钢铁工人和他们的家庭以及群体并不能少遭受些苦难。

科琴对英国左派的策略的另一个反思是，不同于简单地希望推动资本主义制度内工人工资和工作条件的改善，对这些改变给予必要的限制将一定程度上表明工人是被迫采取激进的政治立场的，人们可能会自觉地同资本主义进行全心全意的合作，但是作为回报这种合作意识的宗旨是有意识地改变资本主义的基本性质。然而，为了这样做，工会必须要具有一种对行业和部门的研究和策划的能力，他们的这种能力即使不能领先于雇佣者也至少要同其保持一致。此处科琴用一个假设的例子来解释上述观点：钢铁贸易联盟中拥有众多素质优良人员的经济和趋势研究所已经提醒了 20 世纪 60 年代晚期英国的钢铁行业老板，"我们的研究者表明在这些国家中拥有一个迅速扩大的生产带钢的能力；考虑到各处的人员配备和工资水平以及我们生产带钢能力上某种程度的技术落后，已经可以预见这将在国内外呈现出竞争力下降的趋势。因而，我们建议接下来分阶段的在这些新的某企业中通过增强专业性并对其进行破坏和改组。然而，我们做出了如下要求：（1）在以下类别中支付某的裁员费；（2）保持以下类型的计划，在接下来的阶段提供资金支持，同时保持不少于以下类别平均收入的补助金；（3）某级别的住房和迁移津贴；（4）给某总量的 X，Y，Z 团体来自 BSC 的资本拨款；（5）以下代表在董事会上可以完整的获取利益、投资和销售信息。这些代表对工会的执行和定期改选负责。（6）解雇并代替 A，B，C（被认为不称职的管理人员）；（7）当资本利润超过百分之某时，利润分享计划如下"①。同时雇主要和工会协商裁员。科琴指出，在上述提出的情况和现实发生的情况之间是存在差异的，这种差异就在于上述协议是先发制人的，它被设想为在企业出现危机情况前就已经发生了，其实际上被设计为避免或减轻危机影响的一个手段。这种先发制人的工会活动几乎立即会引发管理特权的问题。实际上，人们所提倡的是创造一种尚处在萌芽状态的双重权力，在这种权力中，工会提出管理倡议，以此来保护并增进工会成员的利益。科琴认为这样一种模式不仅可以运行于大多数工业和商业中，其也可以在公共服务、中央和地方政府以及教育和健康服务中推行。

科琴指出，这一模式的实际宗旨是诱发一种情形，在这种情形下，管理人员并不是参与管理的唯一力量，工会的倡议会以一种公开的合作和合理的形式制定出来，这种情形下管理层的抵抗很容易就被打上不合理、独裁、专横的烙印。这样一种策略有可能导致的一个结果就是，这

① Gavin Kitching, *Rethinking Socialism: a Theory for a Better Practice*, London and New York: Methuen, 1983, p. 112.

个策略将在资本同劳动力之间的关系以及管理者同劳动者之间的关系上获得一个永久的现实意识形态优势地位。当然，这样一种处于萌芽状态并持续增强的双重力量，其在本质上是矛盾和不稳定的。通过定义这种工会介入管理特权，工会做出的真正让步将最终提出关于本应该在斗争中解决的权力和控制的关键问题。但是这个策略的整体目标是既要查明此前该体系中争取民主进步的数量，也要让工人们感受到权利和责任，让他们在此基础上建立知识和自信，让他们走得更远，即使这种走得更远意味着严重的冲突。

此外，从另一个角度来看，这样一个策略也是不稳定和存在隐患的。因为这个策略假定，装备精良、人员素质优良的工会研究和计划部门能够了解国家经济乃至世界经济的趋势，并能制订符合趋势的计划，此举比当前的管理人员所做的更加有效。纵观 20 世纪 70—80 年代的英国，其管理人员在钢铁企业、汽车、摩托车、制鞋和纺织行业中表现糟糕，因而这些行业的工会介入管理过程的行为不会比管理人员更糟糕。但是最终工会也将面临同资本家一样的问题，即主要依赖于市场宏观产出机制的国际经济体系的不可预测且不稳定的特性。然而，从社会主义角度来看，对这一矛盾进行探索并从中吸取政治教训，以便在国内或国际经济规划方面取得进一步的发展，这本身可能就具有很高的生产力。

但是为什么这样的一种策略能够通过管理引起工会竞争合作，将工会训练成管理部门，并通过在决策中发挥极小的作用来吸收工人大量不满情绪，但是最终却在保护工人利益上并没有实际权力呢？这会仅仅导致"黄色"工会或"房屋"工会的产生吗？这是管理者的玩物吗，其必须被来自下层的团结式的群众运动或者非官方的"不可靠的"工会活动所取代吗？对于这些问题的回答是，竞争合作是一个真正的危险，其主要依赖于工会领导能力的质量，更确切地说，其依赖于一般群众对谈判代表、管理者代表和研究和计划者的掌控程度。在某种意义上，为了以组织的形式推动社会主义进步而不是同资本主义合作，这些工会需要这种策略的目的是为了产生一个经验丰富、见多识广和纪律严明的成员资格，坚决致力于在越来越多影响他们生活的决策中发挥作用。然而，科琴已经论证了在英国乃至世界上的其他地方都不存在这样的工人阶级，这里就存在一个矛盾了。尽管如此，科琴继续强调这个矛盾只有在实际行动中而非抽象的辩论中才能被解决。在创造这种工会之初，在向工会成员解释他们将做什么和他们如何发挥作用的过程中，在将普通百姓纳入工会活动中时，工会的研究和计划部门作为信息的搜集者和提供者，应该在实践中缓慢且有组织地创造条件来解决这个矛盾。

由于科琴指出关于问题的讨论不应该仅仅停留在纯理论或假设层面的探讨，因此科琴提出了对"先发制人的联合主义"策略的现实尝试，即设想在 1969 年至 1972 年间建立卢卡斯航空工人代表联合委员会，并设想在 1976 年 1 月建立关于卢卡斯航空工厂的替代性"整体计划"的成果。科琴指出，联合是一个长期、复杂且极具意义的历史。科琴基于对"先发制人的联合主义"策略的概述，列出了他所设想的这段历史的特征：

（1）一群薪酬丰富的受过高等教育的技术熟练的工人发起并维持了这个计划。

（2）这种联合的形成以及替代性的企业计划是建立在联合委员会发起的一个研究计划的基础上，但是借鉴的是卢卡斯航空工厂工人详细的知识和经验。这就允许包含的信息能够被用来检查卢卡斯管理部门提供的东西并在对抗裁员的斗争中给予帮助。这也是用来获得卢卡斯替代计划中最重要的"替代产物"部分的观点的方法。

（3）卢卡斯计划已经导致形成了两个工会研究和信息组织（联合委员会和替代工业体系以及技术体系中心——CAITC 的联合论坛），这两个组织在上面假设所列的场合很好地运行。

（4）工人代表联合委员会从组织一个反对裁员的运动转向更有野心的"替代计划"。工人代表委员会之所以这么做是因为他们意识到只要卢卡斯的管理能够表明航空航天产品订单数量减少，一个纯粹的抵抗活动就不会给管理的"逻辑"论证带来任何有效的政治还击，管理的逻辑论证认为裁员是令人遗憾但又不可避免的。整体计划的目的是先发制人，通过产生一系列产品创意和原型来论证，这可能在技术上是可行的，并同卢卡斯的现有计划和设备一起产生，且在商业上是可信的。当被简单的视作抵抗裁员的一个策略时，这个策略被证明是非常成功的，而且将卢卡斯的管理放到了一个非常不同的、令人为难的"处于守势"的位置上。事实上，这个整体计划的替代产品以及计划本身，被证明要比同管理层谈判中获得绩效的政治收获更重要且更有影响力。

（5）卢卡斯管理层对替代计划的反应，特别是联合委员会向管理层提出计划的初期会议的数量，在准确展示传统的管理特权是如何威胁这样举措的过程中是非常吸引人的。个体管理者的回答是不可能轻易接受在计划以外承诺考虑它并在下次会面的时候带来一个详细的回复。个别技术管理人员表现出了对产品建议的真正兴趣。然而，在接下来的几个月，越来越明显的是有权力的管理人脑海中所想的却是产品建议以外的事。对他们而言决定因素是产品建议应该来自哪儿。比尔·威廉姆斯——卢卡斯航空在伯明翰的一个技术经理——总结了真正利害攸关的问题："我"个人非常确信这个问题不是一个工程角度的产品可行性问题；真正利害攸关的问题是谁管理卢卡斯航空。几个月之前，在此期间主要的计划已经呈递给了经理布拉辛顿先生，他是伯明翰地方的个人经理，他同意一系列关于工会联合委员会代表的多样性地方会议。在1976年2月，第一届也是最后一届会议召开了。鲍勃·多德（一个联合委员会的成员）描述了当时的状况："布拉辛顿先生一定已经认为这将一事无成，我们的想法将成为空想，我们将不会得到专业技术的支持。但是一旦我们解释了我们的建议，两个技术经理就明白了我们的意思。他们进行了详细的讨论并似乎对此很感兴趣。布拉辛顿先生一定很焦急，因为他进行干涉，并不看好全部事情。他在之后再也没有召开任何这样的会议。"比尔·威廉姆斯是上文提到的两个技术经理之一，他认为产品建议认真但不精密："乔治·奥尔洛夫（另一个技术经理）作为工程师已经讨论过这个产品。我不认为这是需要的。我的预期是如果他们不能用他们想要的方式来推动会议，那么他们就不会得到其他。这就是说此次会议后应该还有另一次会议。我知道这是不可能发生的。"

（6）形成联合的经历和之后设计替代的整体计划，似乎已经用前文假设过的方式建立起了知识和自信。显而易见，联合委员会只获得设计计划和挑战管理层对管理的独占权的自信，以及改变卢卡斯公司退休金计划的整体结构的自信。卢卡斯航空工人计划的历史是那群开始持怀疑态度的公会成员的历史，这些人只是通过保护他们成员的工作而反对一个新的管理结构而在初期推动联合形成。但是，当他们看到这种方法行之有效，而且为他们所代表的工人带来具体利益时，他们就更加坚定地承诺要将其与各种可能性结合起来。然而，这是一个使它太过简单的方法。因为实际上联合的工作和采取更为激进的行动是工会成员增长的知识和自信所带来的结果。事实上，"工作"只不过是他们的集体活动，这活动造成了他们态度的转化。正如特里·莫兰（他是机械和锻造工人联合会的一个工会成员以及联合委员会的一个成员）提到的："我定然是同六年前截然不同的人。我过去常常认为一切都是伯恩利的。整体计划已经难以置信地拓宽了我的视野。"一个具体的例子非常准确的反映了这样一种变化如何发生。作为起草替代方案的前提条件，联合委员会向所有相关的工厂委员会发放了一份问卷调查，要求他们提供一份关于自己工厂的厂房和设备的详细清单。如果替代产品将在卢卡斯现存的工厂中被生产的话，那么这就是有必要的。来自伯恩利的麦克·库尼描绘了这些问题的重要性："他们想知道我们有什么样的机器工具。着实令人惊奇的是没有一个地方知道自己拥有什么。现在计划生产是运行一个业务的基本部分。但是管理者并不计划。工人计划生产。这的确令工会成员感兴趣。"①

卢卡斯工人的计划这一经历也具有某种关于一个"先发制人的联合主义"可能性的暗示，而这种"先发制人的联合主义"是非常复杂的。首先，工会成员间联合的形成及维持必须首先反对卢卡斯航空的传统工会组织，而不是从中产生。事实上，这种联合最初形成是因为一些独立工会的工会成员看不到任何有效地反抗裁员的管理计划。一群之前独立的

---

①　Gavin Kitching，*Rethinking Socialism：a Theory for a Better Practice*，London and New York：Methuen，1983，pp. 115-118.

工厂和公司已经统一于卢卡斯航空的控制下，这种控制实际上是第二届威尔森政府为了"合理化"和强化英国全部的航空工业而对垄断企业进行赞助的。一个新的、中央集权的、企业管理结构就这样被创造出来。这一结构使得依赖于单一"贸易"和单一厂房的传统工会不能有效地斗争。实际上，工会成员的联合是一个同新的企业管理结构同步发展的"平行"的企业工会联合组织。联合将工人从不同的工会和厂房中聚集起来，特别是带来了"车间"和员工工会，但联合不能获得关于管理计划的信息以及这样的计划在不同的厂房的影响，而这对于其能否限制或先发制人管理行动是非常重要的。然而，国际联盟，国际工厂联盟总是一朵脆弱的花，在几个组成工会的国家领导人那里也是怀疑的对象。这种员工车间联合的削弱威胁到先发制人的联合的能力，因为白领运动已经得到了拒绝车间工人的信息，以及关于合理化、裁员等的管理计划信息。富有同情心的老板泄露了机密备忘录，其他白领员工被允许在预期的管理业务中采取行动。之后，这里出现了一个关于为什么"阶级"行动总是在特定公司或组织中更有效、更强有力的但非常罕见的例子。这主要是因为它可以先发制人。卢卡斯的经验也表现出创造这种联合有多么难，面对根深蒂固的地位差别和敌对，特别是白领工人和蓝领工人之间的地位差别和敌对，维持这种联合有多么难。最后，主要因为他们是建立在部分"贸易"组织基础上的，还因为他们只关注工资和待遇，联合发现现存的工会很少使用研究组织，所以就创造了自己的研究组织。正如已经看到的，其最初主要是从车间和办公室收集信息来研究的。当它参与设计和测试替代产品的原型时，联合从东北伦敦理工学院（现在的北伦敦理工学院）富有同情心的工程师那里获得了研究帮助。

科琴清楚地意识到，在现有的工会和研究部门中重新划分出先发制人的工会似乎有些天真。作为一个先决条件，先发制人的联合主义很可能将需要一个完整的工会来组织重建，而重建则需要从几个联盟中雇佣工人。实际上，卢卡斯运动持续的一个后果就是在同等状况下其他工人展示出对于建立工会联合的兴趣，不仅是对于信息收集感兴趣而且对运动感兴趣。联合委员会的联合论坛，对于其来说 CAITS 作为一个秘书处，在促进和支持这种互动中是非常重要的。科琴基于假想而提出所有的先发制人联合主义的模型，它们关注的都是工人需要先发制人，需要计划在他们的行业和部门中产生结构性变化，而这种结构性的变化很可能会导致行业内的裁员。事实上，这个观点是以各种形式和条件推动结构改革，使受影响的工人获得最大的长期利益。卢卡斯先发制人的联合主义的工会的全部宗旨就是抵制裁员而不是根据他们自己的条件而提前为裁员做好计划。此外，卢卡斯航空劳动力给予替换计划普遍支持最大一部分是基于其在抵抗裁员上表现出的政治效力。正如人们所预期的那样，在 1979 年到 1980 年间当增加的国防开支在大多数卢卡斯航空工厂解除了裁员的危险时，工人的这种支持就逐渐消失。然而，科琴也指出，从这一点来看，卢卡斯的先发制人的联合主义很可能更适合 20 世纪 80 年代的情况而非自己假想的那种情况。

由此可知，科琴的先发制人的联合主义最初设想是发生在繁荣的情况下，或者至少不是经济萧条的情况下。因为在经济萧条的情况下，工人很可能对于决定解雇和裁员在什么样的情况下发生是几乎没有讨价还价的能力的。

然而，在这方面，卢卡斯计划似乎有点混乱，因为其产生的特殊情形影响了其公开演讲的方式。卢卡斯航空的工程师、技术人员和设计师都是技艺精湛的男性（鲜有女性），他们使用这些技能来制造复杂的武器。很明显，至少工会联合中的一些成员感受到了强烈的道德困境。因此，当替代整体计划被起草时，对找到能使这些工人在改善生活上使用他们的技术生产产品而非在毁坏生活的目的上使用他们的技术生产产品做了许多强调。替代产品的本性反映为：便携的移植肾的机器和新型的人造四肢，给盲人雷达导航，用一个热泵来提供便宜且能源节约的家庭供热，为使公共交通更便宜更适合的路轨车改善刹车系统，为了避免环境对人类健康的危害而生产手工操作的遥控机器。在那时，联合委员会提到这些产品作为"公益"产品，并明确或含蓄地将它们同卢卡斯航空现有的产品进行比较。科琴认为，这种制定对于启蒙政治而言既是太宽泛又是太狭隘的。其宽泛是因为根据"公益"是被如何定义的，任何产品乃至全部产品都可以被称为是公益的。因此这给卢卡斯的管理层留有发言的余地，他们认为武器是"公益的"因为它们用来保护我们的生命、财产和远离外敌入侵。但是其也太狭隘了，因为它留下了对产品进行联合设计和技术原型可能对资本主义是有利可图的印象，但是没有提供必要的和社会实际需要的目的和需求。事实上，在这方面，它对产品要求的太少了，一些已经被吸收并被英国和其他地方的资本主义工场进行了商业生产。卢卡斯航空的特殊情况可能会在此处被误导。卢卡斯的管理层对提案不冷不热主要是由于他们来自地方的和在管理层特权上做出的政治改变。但是也可以说考虑到这些产品中包含的工业性生产和发展的额外投资，即使用减少国防需求的方式，这里没有任何办法能够像卢卡斯现有的产品一样有利可图。但是这主要因为政府国防合同建立在一个"成本加利润"的基础上，例如在合同的形式上，只要求他们给国防部提供产品，而给生产商的基本上是一个空头支票。毫不夸张地说，在这种情形下，基本上没有东西作为国防产品可以被视作对卢卡斯是有利可图的。但是这不是说替代产品对其他厂商没有足够的利润，实际上有足够的利润来让其他公司对他们的商业发展感兴趣。

这一点是非常重要的，因为在当前的形式中，它有着重要的含义。这些观念和原型可以给面临裁员的工人或失去现有工作的工人提供替代性且有利可图的产品，也可以为失业者提供就业。在生产公益性质的产品和生产能够在资本主义市场提供具有商业利润和长期就业的产品之间没必要存在一个直接的冲突。当然，在特殊的事例中可能会出现这样的冲突，但即使其他国内的购买者和出口市场也能够提供替换的网点。从社会主义视角来看，重要的事就是这些产品的研究和发展以及他们的产品应该以一种非资本主义组织形式产生。例如，在由熟练工人运营和控制的研究和开发组织中，以及在工人合作社以及其他试图废除或减少传统组织和管理的分层形式的企业形式中。这不光是在先发制人的尝试中设计并使用其他类型的"工人"计划在现有公司和资本主义组织中保护或创造工作。至少在大纲上，这一切表明一个在当前的撤退中对先发制人的联合主义的一种可能的直接推动。由于 CAITS 应该是由四人构成的一个小的、过度劳累的、资金不足的组织，该组织勉强存在于北伦敦理工学院。联合工会的形成不应该是一个依赖于少量自愿的经费或工会经费以及像 CATIS 这样资金不足的组织的援助，它们都应该建立在一个大量且资金充足的研究、开发和 CAITS 项目援助的基础上，从 TUC、个人联盟、当地权威和任何富有同情心的人那里获得资金。这样一种组织将设计、测试并开发替代产品，进行市场研究和项目可行性研究，在以工人控制的企业形式来生产并销售这些产品的过程中提供资金或援助的尝试。因此，先发制人的联合主义有了特殊的形式并在形成于其最艰难的时候，以可能最好的方式——对失业的减少和改善我们社会的生活质量做贡献——获得了确定性。

科琴寄希望在不久的将来，当英国由一个工人政府或工党/社会民主党政府重新执政时，政府将迟早会同工会协商"工资政策"，而工会应该同意这样一个政策，但是作为对一定范围和类型让步的报答，这种让步远远超过了通常的形式，不会要求控制价格和股息。这样的要求必然能够拥有对养老金、健康和福利规定、失业等宏观层面上的政治要求，而且这方面有很多先例。但是也可能会有单个行业和部门的工会会提出一系列更加激进的要求，在这些要求中长期的工资讨价还价换来对投资政策、市场、健康和安全状况、人手水平、训练、一个"一目了然"的政策这样准确的要求。在国家层面的谈判之前，每一个公共的和私营的部门工会都应加强研究和规划能力，以便更好的研究这些要求。这个问题的本质是非常简单的。如果英国的工人阶级将自身卖给资本主义，那么其必须以一种计划好的、仔细考虑过的、昂贵的形式卖掉自己；如果条件得到满足，就要探索资本主义在不改变其本质的前提下可以做出的让步的限度。这个策略最后一部分的核心是使工人阶级出售其合作使得英国的资本主义更具竞争力和效率，其不仅得到物质利益作为回报，而且得到以增加控制和决策权利作为回报。简言之，要以这种方式提出要求，就必须由社会主义者来提出，并得到整个工人阶级中越来越多的自觉的社会主义者的支持。然而，这个策略的目的是当探索到其创造的矛盾时，帮助创造越来越多的自觉的社会主义者。

这个政策唯一困难的部分在于它是先发制人的。因此，科琴关于钢铁案例的假设中，工人在面临严苛需要之前（例如面临大量亏损的紧缩时期）就已经被要求放弃他们的工作。这是所有要求中最困难的事情。工人最典型的和可以理解的要求是他们的工会将保护工作，直到如果政治和经济体系没有出现一个彻底的改变，这样的工作就再也"不能"被保护时。在这种情境下，工会真正的民主本性毫无疑问地将工人同这种短期的基本理性联系到了一起。无论重新设计的计划有多么的乐观，拥有一个工作要远胜过潜在可能拥有一个工作。同样地，许多资本家和国家雇主不愿意尝试实行裁员来反对工会的抵抗，直到他们不得不这样做的时候。例如，直到"市场"迫使他们这样做。

英国的工人阶级和资产阶级都相信"管理者必须管理"。如果出现裁员，那么这是由老板做出的决定。总之，"取决于老板"将工资的增长同生产力和解雇的人联系到了一起来保持这种关系。事实上，只有通过对其合法性的一个总体上且全心全意的理解，工会才可能宣称他们被限制但独占的领域同管理层的专属领域是并行的——保护并改善工会成员的工资和生活状况。

这种先发制人的联合主义的大规模推行确实会威胁到社会变革，其手段是威胁到了跨越管理工会和执行工会的人之间的界限，并承担其后果（无论是好的结果还是坏的结果）。卢卡斯管理层相当准确地预测到了对这一特殊尝试的负面影响。然而，事实是这样的尝试的确产生了这样的反应，特别是当他们表现出"合理"且"敏感"，"为了公司/企业/国家作为一个整体的好处"时。这条线会立即被强烈地保护起来，因为它是一条权力线条，因而值得跨越并保护。科琴建议英国的社会主义策略的直接目的应该是渗透到尽可能多的地方跨越这条线——从工厂到熔炉，从地方政府到百货公司，从出版社到保险公司，从建筑师办公室到海陆空三军，从一个持续"阵地战"开始到从根本上改变我们社会依然依赖的诸如所有议会民主制的精英的尝试和活动。

基于此，传统的工会原则——相互认可和保留领土——就是一个彻底的反社会主义原则。从英国事例的现实层面看，这只是一个错误的原则。英国钢铁、英国利兰汽车、英国摩托车和电子工业的管理层的管理是不被信任的。他们显然没有有效或成功地行使其管理职能，这是极其失败的，在一个资本主义世界中，他们的失败被关键的测试捕捉到了。这里的寓意就非常明显了，如果你"相信管理层来管理"，那么当你感到一团糟的时候你就不能抱怨。

"相信管理层来管理"，就像"相信政治家来统治"这一同类型的政治原则一样，这都是缺少自信的一个标志。如果工人不相信他们自己就可以管理，如果他们能够自由地限制自己的活动以要求更多，那么工人永远也不能成为统治阶级，因为阶级统治被瓦解为多数人的统治，其规模之大以致永远也不会出现一种自我强加的社会规则。

然而，由于当前所有发达资本主义社会中的经济政策问题的核心是工资管理，其需要保持工资的大幅增长符合生产力的增长，以此来确保工资的增长并不是由于通货膨胀。货币主义是资产阶级对充分就业情况下这种工资管理不能自动获得的信念的回应。然而很明显的是在一个高度联合和分工的劳动市场没有出现持续大规模失业的情况下，限制工资是无法维持一种长期的垄断经济的，这将威胁到资本主义的政治稳定，或者至少需要严重削弱甚至最终消除民主自由。因而货币主义实验结束后，发达资本主义经济将再一次回到凯恩斯主义要求的可能将再次回到需要管理和政府刺激经济的市政投资上，也许会用更"温和"的解决方案来实验。在这种情况下，他们将再一次面临争取广大工人阶级遵守工资约束的必要性，同时也将重新出现各种形式的"社会契约"。在面对这个问题时，发达资本主义的经济体将同时面临马克思所认为的资本主义核心矛盾的最尖锐的当代形式——资本主义制度下日益社会化的产品和消费本质，以及生产利润的私人所有制。

总之，英国资本主义为了生存可能并不需要一个"负责任的"自律的工人阶级。最终，独裁的解决方案总是可能的。但是资本主义和议会民主为了生存下来则非常有可能需要这样一个阶级。因此在不远的将来我们可能会看到一个关键的历史时刻，即英国的工人阶级有机会从资本主义制度中提取重大的且确实正在发生转变的变化，以此来换取资本主义制度的合作。然而只有当工人阶级有信心认识到并认为这是可以得到的，而且他们能够自律地行使自我控制和履行自己的义务时，工人阶级才能抓住这个机会。因此，在现有的机会和长期处于从属地位的阶级随时准备抓住的机会之间存在一个冲突。构建先发制人的联合主义应该既是一种开始转变的方法，也是一种创造自信的方法。其能否履行这一双重作用的关键性决定因素在于广大工会成员能够在多大程度上参与到先发制人的计划和策略的制定及执行中。这就引出了关于组织和制度建设这样的难题了。人们自然也会想到屈身进入每一个工厂、建筑、仓库和办公室来研究并计划、组织，同时组织成员还要参与到提供和收集信息的活动中，给进一步的研究提供新的领域。此外，如果先发制人的策略得到应用和认可的话，那么其中一个设想就是成员参与管理再培训计划、配备顾问机构、就遣散费的使用提供意见、监督安置计划、担任董事代表、成立工人委员会、负责工厂一级至部门一级的新投资一级管理利润分享计划。人们还将设想所有这些职位的工人会定期轮换，以便尽可能广泛地传播决策和研究方面的知识和经验。但是具体应该如何操作，以及确切需要什么样的组织形式，则关键取决于每个公会和行业的具体情况。卢卡斯的联合经验表明，至少要对公会结构进行一些改组，并在各部门内建立更多的工会间的联系。事实上，由于"卢卡斯计划"已经明确地展示出，细节可以由工人和工会积极分子的活动所填充，利用他们从特定行业、工厂、地方当局、服务站或百货公司的情况和问题中得到的生活经验的知识。

科琴进一步指出，先发制人的联合主义策略的第一步应该是让联合工会的成员，甚至个别工会的成员，都认识到有必要建立这种能力，并且要为之付出代价。但目前，在资本主义发展和危机的当前阶段，对左翼思想和活动进行根本性的重新定位。这种变化的实质就是集中精力，实际上是痴迷于创造一种更加广泛和多样的民主的公共生活。在这种情况下，建设一个先发制人的联合主义就是通过民主参与来实现社会主义，以及通过创造一个有权力的公民来创造一个自律和负责任的公民。事实上，科琴希望把社会主义思想同更古老的公民道德、公民的义务和权力以及公民的消极权利等概念结合起来。科琴自始至终都在论证并使用的工人阶级概念，是包括女性和男性在内的，包括英国以及欧洲和北美绝大多数成年人在内的工人阶级概念。

　　科琴指出，工会权力的性质和使用只是英国当时社会中存在的问题之一，此外还有消费者权利和消费者权利的行使，在政府管理中公共控制和审查，大众有权使用当前被错误命名的大众媒体，来自运动和足球俱乐部的支持者和竞争者的控制，女性在家庭和工作中的地位等。科琴认为，所有这些问题都只是针对同一问题的不同形式的呈现方式。他之所以选择先发制人的联合主义策略，是因为这种策略特别生动地揭示了英国左派自身陷入的僵局，并为此提供了一种可能的前进道路。科琴采取一种非常传统的社会主义立场，他认为经济实力、关于生产和消费的决策、由谁以及如何生产和消费的问题，这些对资本主义都是尤为重要的。因此，这些问题必须在我们的社会主义建设概念中找到一个重要但并非独有的位置。

　　科琴强调他所说的先发制人的联合主义并不是指一个纯粹由工人控制的社会主义民主机构的主要形式。他认为，对大多数企业而言最合适的组织形式可能是一种三分制的管理结构，其由劳动力代表、消费者代表以及产品和服务的组织经营者代表构成。这种三分制的管理结构对于工厂、农场、地方政府、保险公司、零售商店和饭店都是试用的。科琴在这里继续贯彻了其实践哲学的思想，他明确表示"在任何情况下，我都不相信'终极状态'，我只相信在一个持续历史进程中的阶段状态"①。因此，他并不认为这样一种三分制管理结构是完美可持续的，因为一旦这个三分制管理结构形成了，那么就必然会持续地出现三方（生产者、

---

　　① Gavin Kitching, *Rethinking Socialism: a Theory for a Better Practice*, London and New York: Methuen, 1983, p. 132.

消费者、销售者)之间的利益冲突和团体冲突。他认为这种冲突是不可避免的;这种冲突也是有见识且自律的公民获得知识和自律的学习过程的一部分。

(二)总结

科琴提出"先发制人的联合主义"策略是建立在对 20 世纪 80 年代英国政治形势的密切关注基础上的,他试图为当时的英国提供一种建设社会主义的策略或者实践路线。由于科琴在认识论层面反对真理的符合论,不赞同将马克思主义强行类比作自然科学以换取大众对马克思主义科学性的承认,他在理论层面和实践层面都坚定的践行他的实践哲学,因此尽管他提出了"先发制人的联合主义"策略,但他并不认为凭借这一策略就可以直接建成马克思意义上的社会主义或共产主义社会。他将这一策略与马克思主义的共产主义理念比作短期目标和长期目标的关系,他认为只有这样渐进式地推进社会主义建设,社会主义理论才不致沦为一个具有启蒙意义但却不具备实现希望的社会批判理论,不会变成建立在空中的楼阁,仅能给人们以美好的愿景和心理上的安慰。

科琴主张一种渐进式的革命观,他将"先发制人的联合主义"定义为一个过渡性质的计划,并认为这样一种过渡计划是必要的,因为现在和未来之间需要一座桥梁以及跨越这一桥梁的第一步。否则,人们会因为现实需要同未来理想之间存在差距,以及为什么会出现这样大的差距等问题而陷入沮丧。倘若还有人持有这样一种观点,即认为社会主义者旨在达到的社会根本变化和民主的不断加深和扩展只是一个缓慢的、矛盾的、痛苦的历史过程,那么人们还会变得更加沮丧。因此,科琴指出,在这种情况下将现在与已知的过去作对比，而非同渴望的未来作对比，就会让人们想起英国 18、19 世纪改革者和激进分子所面对的恶劣情况：

总共检查了 6951 所房子——当然只是在曼彻斯特**本城**，索尔福及其他郊区都不在内：其中 2565 所极需在内部加以粉刷，960 所没有及时地做过必要的修理（were out of repair），939 所没有足够的污水沟，1435 所是潮湿的，452 所通风不良，2221 所没有厕所。在经过调查的 687 条街道中，248 条没有铺砌，53 条只是部分地铺砌过，112 条通风不良，352 条街道上都有死水洼、成堆的脏东西、废弃物。

……

往往是整家的爱尔兰人挤在一张床上睡觉；往往是一堆肮脏的麦秸和一条用旧麻袋做成的被单就当做全家共用的被褥。这种家庭里的每一个成员都由于贫穷、迟钝和放荡而堕落下去。调查人员常常在一幢只有两间屋子的房子里发现两家人；一间是大家睡觉的，另一间用做公共的饭厅和厨房；常常甚至是几家人住在一间潮湿的地下室里，在这种乌烟瘴气的空气里挤着 12—16 个人。除了诸如此类的传染病来源，还要加上在屋子里养猪以及其他脏得令人作呕的事情。

……据盖斯克尔统计，仅仅曼彻斯特本城就有两万人住在地下室里。而"每周快讯"杂志"根据官方的报告"提出的数字，是全体工人的 12%。①

死亡数字之所以这样高，主要是由于工人阶级的幼儿的死亡率很高。小孩子的娇嫩的身体最不能抵抗恶劣的生活条件的不利的影响。如果父母都工作，或者其中死了一个，孩子就常常没有人照顾，这种情况很快就会造成恶果；因此，像曼彻斯特这个地方，根据我们在前面提到过的那个报告，工人的孩子有 57% 以上不到五岁就死掉，可是，上等阶级的孩子在五岁之前死亡的却只有 20%，而农业区各阶级所有的孩子在五岁以前死亡的平均也不到 32%。

……曼彻斯特和利物浦的流行病所引起的死亡率，一般说来比农业区高 2 倍；城市中患神经系统疾病的比农村中多 4 倍，而患胃病的则必农村多 1 倍多，同时，城市中因肺部疾病而死的人数和农村中比较起来是 2.5：1。在城市里，因天花、麻疹、百日咳和猩红热而死的小孩子比农村中多 3 倍，因脑水肿而死的多 2 倍，因痉挛而死的多 9 倍。②

"有一个压延厂，名义上的工作日是从早晨 6 点到晚上 5 点半。有一个儿童，每星期有 4 个夜晚，至少要干到第二天晚上 8 点半……这样一直继续了 6 个月。""另一个儿童，9 岁时，有时一连做 3 班，每班 12 小时；10 岁时，有时一连干两天两夜。""第三个儿童，今年 10 岁，每星期有三天都是从早晨 6 点一直干到夜间 12 点，其余几天干到晚上 9 点。""第四个儿童，今年 13 岁，整个星期都是从下午

① 《马克思恩格斯全集》第 2 卷，346—348 页，北京，人民出版社，1957.
② 同上书，392—393 页。

6 点干到第二天中午 12 点，有时接连做 3 班，例如从星期一早晨一直干到星期二夜晚。""第五个儿童，今年 12 岁，在斯泰夫利铸铁厂做工，他一连 14 天都是从早晨 6 点干到夜间 12 点，他已经不能再这样干下去了。"9 岁的乔治·阿林斯沃思说："我是上星期五来的。我们应当在第二天清早 3 点上工。所以我就留在这里过夜。我家离这里有 5 英里路。我睡在地板上，铺一条皮围裙，盖一件短外衣。以后的两天我早晨 6 点来上工。唉！这个地方真热！来这儿以前，我有整整一年的时间也是在高炉上做工。那是在乡下的一家非常大的工厂，在那里，星期六也是清早 3 点上工，不过好歹还能回家睡觉，因为离家不远。在别的日子里，我早晨 6 点上工，到晚上 6 点或者 7 点下工。"

……威廉·特纳，12 岁，他说："我不是住在英国。我想，是有这么一个国家，但以前根本不知道。"约翰·莫里斯，14 岁，他说："听说上帝造了世界，又听说所有的人都淹死了，只有一个人活着；听说，这个人是一只小鸟。"威廉·斯密斯，15 岁，他说："上帝造了男人，男人造了女人。"爱德华·泰勒，15 岁，他说："我根本不知道伦敦。"亨利·马修曼，17 岁，他说："我有时到教堂去……他们讲道时提到一个名字，叫耶稣基督，其他的名字我都说不上来了，就连耶稣基督是怎么回事，我也说不上来。他不是被杀死的，而是像平常那样死去的。他和别人有些不同，因为他有些信教，别人不信。""魔鬼是好人。我不知道他住在哪儿。基督是坏蛋。"这个女孩（10 岁）将 God（上帝）念成 Dog（狗），而且不知道女王的名字。[1]

科琴指出，我们有必要时常翻阅这些资料并坐下来反思其背后的含义是什么，而我们反思这些虽然很明显但常常被忽视的长期变化的意义并不是我们思考现在英国的工人阶级同之前的工人阶级相比是多么"幸福"，以及现在的工人阶级应该多么"感激"。这样做的意义也不是为了参与左派关于导致这些变化的原因的激烈辩论。科琴声明，他不关心这些变化究竟是工人阶级中的激进分子对资本主义做出的让步，还是统治阶级旨在削弱革命热情和维持实现剩余价值所必需的需求的卑鄙行径，因为这一问题是存在争议的，在任何情况下，这个问题都是非常复杂的。

科琴指出，反思过去的意义在于简单地揭示出无论这些变化是怎样或为什么发生，其结果都是重大的。因为只有从物质和智力的束缚中解放出来，从赤贫带来的恐惧和屈从中解放出来的工人阶级才有可能拓宽自身的视野，提出政治和权力问题上的需求。因此，科琴指出左派一直以来坚持的革命热情是同贫困和匮乏的程度成比例的观点，是非常荒谬的。英国左派则很难坚持这种观点，他们低估或忽视了英国工人阶级在资本主义制度下已经取得的物质进步。综观其历史，不难发现工人阶级中杰出的领导人和知识分子，他们克服了绝对贫穷，使工人阶级成为发展的、深思的、不懈的激进群体。然而，英国的绝大部分工人阶级就像材料中提到的威廉·特纳、约翰·莫里斯、爱德华·泰勒和亨利·马修

---

[1] 《马克思恩格斯文集》第5卷，299—300页，北京，人民出版社，2009。

曼这些人一样，他们是这样以群体，群体中的男人、女人和孩子都被迫用尽所有力气来求得生存，或者获得一种相对的、不确定的"向上流动"和舒适。通过一种相对的物质条件的改善，他们从贫穷中解脱了出来，这使得他们有可能去追求其他目标、权利乃至野心。

此外，对过去的反思也使得我们意识到，尽管 20 世纪晚期英国的工人阶级中仍存在部分群体相对贫穷或绝对贫穷的状况，但是工人阶级已经获得了物质和社会身份，工资也比 100 年前甚至 50 年前的工人阶级得到的工资要多。在这种情况下，工人阶级不应被现在所取得的利益蒙蔽双眼，沉浸在资本主义那种充满争议但又具有一定吸引力的政治和经济民主中，而应该做好为实现最终理想而长期努力的准备。基于此，科琴向工人阶级乃至社会主义者提供了一个座右铭："希望是一种理性的行为，建立在这种希望基础上的行为保留了希望的理由。"[1]

---

[1]　Gavin Kitching, *Rethinking Socialism: a Theory for a Better Practice*, London and New York: Methuen, 1983, p.140.

结　语

　　马克思之所以被称作世界伟人，之所以在今天仍受到世界人民的尊敬，就在于其思想的深刻性和影响的深远性，其影响力不仅存在于他所处的时代，而且对以后诸世代都有不容忽视的影响。尽管马克思及其思想具有如此深远的影响，但其在传播发展的过程中也必然存在高峰和低谷。经过 20 世纪 20 年代到 20 世纪 50 年代末期间，以斯大林主义为代表的世界共产主义运动对马克思主义的一定程度上的曲解，马克思主义被贴上了"机械论""经济主义"和"决定论"的标签，而且一直饱受诟病。直到 20 世纪 50 年代，西方知识分子对马克思主义的兴趣才开始复苏。安东尼·葛兰西或许是去经济化的马克思主义国家和政治理论中最具影响力的人，德国"法兰克福学"在文学和大众传媒方面的著作对意识形态也造成了很大影响。此外，民族解放和性别解放运动的出现进一步增强了人们对建设社会主义和推翻资本主义斗争的关注。尽管马克思主义者一直致力于从马克思主义中驱除"经济主义""机械论"和"决定论"，但科琴认为这种"驱魔"尝试并未奏效。其中，科琴并不赞成一些马克思主义者试图将马克思主义等同于自然科学，借此让马克思主义摆脱质疑并获得广泛支持的尝试。他认为此举不仅不能帮助马克思主义摆脱质疑，而且一定程度上会破坏马克思主义的科学性。科琴认为，这种将马克思主义视作同自然科学一样的"硬"科学的观点，实际上是出于一种"真理符合论"的考量，其错误地将马克思主义视作一种静止的完成态的理论，忽视了实践在马克思思想体系中的关键地位。科琴通过类比分析，确定自然科学的两个判定标准是实验及其结果的应用。科琴指出，由于马克思主义并不符合自然科学的这两个判定标准，因此马克思主义不能被归为同自然科学一样的"硬"科学。但科琴进一步强调，尽管如此，马克思主义的科学性是不容否定的，其仍不失为一种重要且具有影响力的人文科学。

科琴坚持了马克思实践哲学的研究路线，强调马克思主义思想体系的核心就在于实践哲学。西方马克思主义的先驱之一柯尔施认为："马克思主义在本质上是一种以理论和实践的统一为特征的总体性革命理论，一种深刻的哲学立场。"①葛兰西更是从实质上把马克思主义理解为实践哲学，强调实践是人的本质规定性，是哲学的基础与核心范畴，并

---

①　衣俊卿等：《20世纪的新马克思主义（修订版）》，88页，北京，中央编译出版社，2012。

把实践哲学概括为"实践一元论"，认为其代表着一种更高层次的文化精神。科琴在前人工作的基础上，结合英国新马克思主义发展的现实背景，并主要运用后期维特根斯坦的分析哲学方法，对马克思的实践哲学进行了新的诠释，这无疑对于理解和发展马克思主义哲学，具有重要的理论意义。

同时，科琴的研究并非只是简单地重复前人的工作。在实践哲学研究中表现出来两个特色，使他明显区别于传统路线。

其一，科琴强调一种分析哲学的研究路径，强调精细的文本分析的重要性，这一点突出表现在他对后期维特根斯坦的推崇上。在《卡尔·马克思和实践哲学》一书的"导言"中，科琴曾明确指出"这是一本关于马克思的维特根斯坦式的著作"。他强调，这样一种分析哲学的研究路径"密切关注语言被使用的方式，段落、语句和词汇被联结的方式，名词和动词的选择，隐喻、明喻和比拟的使用"①，等等。因此，在《卡尔·马克思和实践哲学》一书中，科琴大量引用了马克思著作中的原文，用马克思的语言来表述马克思的思想，并提供了自己的总结与分析。在导言部分，他明确提出了这样做的原因：（1）对于马克思著作的新读者来说，看到用他自己的语言来表达他的思想是很重要的。通常情况下，这种表达要优于任何评论者的表达。（2）出于分析的目的，读者可以通过大量出自马克思和恩格斯本人的引文来对作者的分析性主张是否合理做出判断。（3）某物"如何被言说"，是"被言说了什么"的一个必不可少的组成

---

① Gavin Kitching, *Karl Marx and the Philosophy of Praxis*, London and New York: Routledge, 1988, p. 6.

部分，这表现出精细的文本分析的重要性。

其二，科琴强调一种整体的实践观，强调总体性原则，这一点突出表现在他对总体性实践的理解上。他认为，马克思在《1844 年经济学哲学手稿》等早期著作中讲到的"生产""劳动"等概念就是实践，这种"生产"不仅包括物质生产和物质客体的生产，而且还包括思想、社会机构、价值和语言的生产。在他看来，如果马克思必须选择一种关于人类的本质概念，它必将是"行动的创造者"而非"思想的创造者"，而思想本身只是能动的创造性实践活动的一个必不可少的组成部分，因此，马克思所强调的是一种人类的总体性实践。同时，他还指出，马克思在后期著作中忽视了这一总体性实践观，特别是开始专门关注社会中阶级实践的区分，并对其原因作出了分析。

可以看出，科琴对马克思的诠释既有严肃而理性的分析，又有苛刻的批判，提出了很多深刻而需要认真思考的问题，提供了一种分析哲学的整体实践观的研究路径与视界，这对于深入推进马克思主义实践哲学研究具有重要意义。特别值得肯定的是，科琴对于马克思主义研究所持的科学态度。在《卡尔·马克思和实践哲学》一书的导言部分，他认为，不能接受任何把马克思主义理解为一种享有绝对特权的论述的观点，尤其是想当然地认为马克思主义使人装备了某种关于世界的"科学理解"的观点。当然，科琴的研究也存在诸多不足与缺陷，特别是囿于分析哲学的研究路线，在一定程度上受到重方法多于重内容的限制。

加文·科琴学术成果年表

学术著作：

1. *Class and economic change in Kenya*. New Haven: Yale University Press, 1980

2. *Rethinking Socialism: a Theory for a Better Practice*. London and New York: Methuen, 1983

3. *Karl Marx and the Philosophy of Praxis*. London and New York: Routledge, 1988

4. *Development and Underdevelopment in Historical Perspective*. London and New York: Routledge, 1989

5. *Marxism and Science: Analysis of an Obsession*. Pennsylvania: The Pennsylvania State University Press, 1994

6. *Globalization and Social Justice: Escaping a Nationalist Perspective*. University Park, PA: Penn State Press, 2001

7. *Marx and Wittgenstein*：*Knowledge*，*Morality and Politics*. London and New York：Routledge，2002

8. *Wittgenstein and Society*：*Essays in Conceptual Puzzlement*. Ashgate，2003

9. *The Trouble with Theory*：*The Educational Costs of Post-Modernism*，Allen&Unwin，2008

论文：

1. Why I gave up African Studies. *in Australasian African Studies Review*，2000

2. The concept of 'Sebestoimost' in Russian Farm Accounting：A very Unmagical Mystery Tour. *in Journal of Agrarian Change*（1：No. 9），2000

3. The Revenge of the Peasant? The Collapse of Large Scale Russian Agriculture and the role of the Peasant "Private Plot" in that Collapse. *in Journal of Peasant Studies*，（25：No. 1：43-81），1998

4. From Time Immemorial：The Alnwick Shrovetide Football Match and the Continuous Remaking of Tradition 1828-1890. *in The International Journal of the History of Sport*，2011

5. "Old" Football and the "New" Codes：Some Thoughts on the "Origins of Football" Debate and Suggestions for Further Research. *in The International Journal of the History of Sport*，2011

6. What's in A Name?：Playing "Football" in the Mid-Victorian North-East. *in Ethnologie Francaise*，2011

7. The Origins of Football：History，Ideology and the Making of "The People's Game". *in History Workshop Journal*，2015

图书在版编目（CIP）数据

科琴分析哲学思想研究/管晓刚、卫唯著. —北京：北京师范大学
出版社，2020.8
　（英国新马克思主义哲学研究丛书）
　ISBN 978-7-303-25817-8

　Ⅰ.①科…　Ⅱ.①管…②卫…　Ⅲ.①科琴-分析哲学-哲学思想-
研究　Ⅳ.①B561.6②B089

中国版本图书馆 CIP 数据核字（2020）第 072169 号

营　销　中　心　电　话　010-58805385
北 京 师 范 大 学 出 版 社
主题出版与重大项目策划部　http://xueda.bnup.com

KEQIN FENXI ZHEXUE SIXIANG YANJIU
出版发行：北京师范大学出版社　www.bnup.com
　　　　　北京市西城区新街口外大街 12-3 号
　　　　　邮政编码：100088
印　　刷：北京盛通印刷股份有限公司
经　　销：全国新华书店
开　　本：710 mm×1000 mm　1/16
印　　张：17
字　　数：180 千字
版　　次：2020 年 8 月第 1 版
印　　次：2020 年 8 月第 1 次印刷
定　　价：78.00 元

策划编辑：祁传华　郭　珍　　　责任编辑：王　强　林山水
美术编辑：王齐云　　　　　　　装帧设计：王齐云
责任校对：段立超　王志远　　　责任印制：陈　涛